アドラー流

英語で幸せになる勇気

Naomi Koike
小池直己

NAN'UN-DO

はじめに

　この本の中では、様々な困難に直面しながらも、マイナスの状況をプラス発想で前向きに受け止めることによって、生き抜いてきた人生が実話を通して描かれている。この本を読むことによって、少しでも多くの方々が、「勇気づけ」られ、英語を通して幸せな人生を歩まれることを祈っている。

　1986年に、私に初めて単行本を出版する機会を与えてくれたのが南雲堂だった。以来、30年の歳月が流れ、15社から370冊以上の英語の本を出版した。

　これまでの自分の人生を振り返ってみると、英語を嫌いになったことは、一度もない。これは私の長年の相棒である佐藤誠司氏も同じだという。佐藤誠司氏と私とは、高校で英語教諭を務(つと)めていた時の同僚だ。彼との共著は30年間で、50冊を越える。

　彼が東大英文科卒業で、広島県教育委員会事務局に勤めた経歴があるのに対して、私は、広島大学大学院（心理学）で「英語学習における動機づけの研究」をしながら、河合塾などの大学受験予備校で英語講師を務めていた経歴がある。私達は、1983年4月から一年間、同じ職場で働いた。多分二人の共通点は、「英語を嫌いになったことが一度もない」点だけで、全く正反対な性格だが、知り合って34年間一度も喧嘩をしたことがない。

　これはアドラー心理学でいう「課題の分離」である。他者の

課題に踏み込むことを避けなければ、人間関係が破綻してしまう。私は彼の専門性と人格を尊重し、一定の心理的距離を保ってきた。つまり、「親しき仲にも礼儀あり」である。

私の大学院修士論文のテーマは、「英語学習における動機づけの研究」だった。学習者が英語に対して自発的に取り組むためには、学習者の動機づけを高められる教材を提示し、楽しく、効率的な授業を実践しなければならない。そのためには学習者のニーズと社会的なニーズを心理学的な視点から分析する必要がある。これまでの私の出版活動の原点はここにあった。

また、英語教育学会等での発表・論文作成と単行本出版が複合的に結びつくことにより、結果的に研究書の出版につながってゆくというシステムが構成されて行ったのである。

更に、研究書を出版すると、その学術的な内容のエッセンスを『週刊東洋経済』『日経WOMAN』等の月刊誌や『別冊宝島』、『学研ムック』などのシリーズに実践的な形で掲載した。

つまり、大学での教育研究の成果を大学の研究論文のレベルに留めておかずに、社会的ニーズに応えて、社会全体に発信したのである。その結果、多数の著書が出版されることになった。

私は大学での教育・研究の成果を社会に対して発信することの意義を信じて行動してきただけのことだが、大学内の一部の醜い人間の嫉妬によって、何度も人生を潰されかけた。しかし、多くの善良な人達に支えられ、最後まで信念を貫き通すことが出来た。

この様なことが出来たのは、アドラー流の生き方、つまり、たとえ不幸な経験をしても、そのマイナスの経験をプラス思考で受け止めて、恒に前向きに生きる行動パターンが根底にあったからだ。また、次のアドラーの言葉が折れそうな私の心を支えてくれたのである。「他人に承認されるために、自分の人生があるのではない。他人の評価を気にせずに、自分自身の人生を生きるべきである。そのためには、たとえ他人に嫌われてもかまわない。自分の人生は、自分自身のためにあるのであり、他人のための人生ではないのである」(アドラー)

　大学教員の中には、劣等感・嫉妬心・功名心(こうみょうしん)が異常に強く、世間体に異常なまでに固執する者もいる。自分達の教育・研究が社会に受け入れられないような非生産的なものであることを棚に上げ、他人の著書・論文や私生活の粗探(あらさが)しに終始し、嘘をでっち上げ、針小棒大(しんしょうぼうだい)に誹謗中傷(ひぼうちゅうしょう)し、学内に噂(うわさ)を垂(た)れ流すこともある。このような一部の教員の最大の被害者は学生達である。

　アドラーは「すべての悩みの根源は人間関係である。」という。何らかの社会集団、学校、職場に所属する限り、誰でも人間関係に苦しむ。相手の価値観や人間性を変えようとしても無理である。自分自身の物の見方、考え方を変えることによってのみ、この悩みを乗り越えることができるのである。

　私がこの様な複雑な人間関係に悩みながら、大学の世界で30年以上も生き延びることが出来たのは、多くの素晴らしい大学の同僚達と多くの素晴らしい学生達と出版社の心の支えが

あったからだ。

定年退職した2016年に、『英語でたのしむ「アドラー心理学」』（PHP）を出版したが、この本を書くことによって、魂が浄化され、人生の苦悩やトラウマ（心的外傷）が消え去って行くのを感じた。この本の中にアドラーの次の様な言葉がある。
「過去は変えることができないが、過去の辛い体験を、プラス発想で受け止めることによって、未来の自分の人生を変えることが出来る。」（アドラー）

この本の中では、アドラー以外にも、自分の人生を生き抜く際に、心の支えとなった、心に残る名言を取り上げてみた。

この名言は、20世紀を代表する心理学者であるフロイト、ユング、アドラー、フロムの代表的著書の中から抽出したものである。

この本は、英語で人生を切り開いてきた私自身の実体験を基にして書いたものである。

この本の素材は、実話を基にしてあるので、登場人物や場所も一部を除いて、実名を用いることにした。

第1章〜第5章では、私が実際に実践した、お金を使わずに、効率的に英語力を身に付ける方法を紹介する。

この方法を実践すれば、短期間で高いレベルの実践的な英語を身につけることが出来るだろう。

第6章〜第16章では、私自身が実際に体験した実話を紹介する。人生の出会いの大切さや逆境を前向きに受け止める生き

方の参考にして頂ければ幸いである。人との出会いを大切にし、アルバイトや会社の仕事をする場合も、英語を意識的に学ぶことが大切だ。英語を学ぶのは、学校だけではないからだ。

この部分では、27歳まで無職だった男が、「英語」を通して「成り上がる」実話が描かれている。「どんな時にでも、最後の最後まで、諦めてはいけない。」この言葉を深く胸に刻むことだろう。必死に生きている人は必ず幸せになれるのだ。このことを実感して、前に進んで欲しい。

どのような状況にあっても、夢と希望をもって、英語の勉強を楽しみ、人生に楽しみを見出そうとしている人は、必ず幸せになれると信じている。努力と英語は決して裏切らない。

この本が「自分のための人生を自分の決めたままに、前向きに生きる」ヒントを得る上で、少しでもお役にたてることを心から祈っている。

この本は、私が生涯を通して最も出版したかった一冊である。一人の人間が生きている間にできることは限られている。今思えば、私のこれまでの人生は、この本一冊を出版するためにあったような気がする。

この本が出版されたら、何も思い残すことはない。我が人生に一点の後悔もない。今は、ただ南雲堂の皆様と読者の皆様に心から感謝するだけである。

2017年秋　小池直己

目次

はじめに iii

第1章
お金を使わないで英語をモノにする 11

第2章
効果的に英語力を飛躍的に伸ばす方法 25

第3章
英会話の上達法の秘訣 55

第4章
英語ニュースを毎日聴く習慣をつける 65

第5章
映画のDVDや英語の歌を活用した英語学習法 89

****

第6章　人間の運命（1）
もし、あの時、あの駅で降りてなかったら 107

第7章　人間の運命（2）
もし、あの時、電車が遅れてこなかったら 125

第8章　人間の運命（3）
　もし、あの日、新幹線のあの座席に座らなかったら 141

第9章　人間の運命（4）
　もし、あの日、アパートに泥棒が入らなかったら 151

第10章　人間の運命（5）
　もし、あの日、あの下宿に電話しなかったら 165

第11章　人間の運命（6）
　もし、あの日、学会に誘われてなかったら 183

第12章　人間の運命（7）
　もし、あの日、河合塾の忘年会に遅刻してなかったら 193

第13章　人間の運命（8）
　もし、あの日、学会発表をしてなかったら 211

第14章　人間の運命（9）
　もし、あの日、恩師と再会してなかったら 225

第15章　人間の運命（10）
　もし、あの日、南雲堂に電話してなかったら 239

第16章　人間の運命（11）
　もし、あの時、バブルを経験してなかったら 253

第17章
『アドラー心理学の要点』と『アドラーの言葉』 263

第1章
「お金を使わない」で英語をモノにする

毎朝、目を覚ますと、まず、私が最初にすることは、パソコンのスイッチを入れることである。コーヒーを飲みながら、テキストを見ずにNHKの英語講座の放送に耳を傾けることから一日が始まる。

　皆さんは、インターネットで24時間、NHKの英語講座を無料で聴くことが出来ることを御存知だろうか？

　以前は、ラジオ英会話や実践ビジネス英語などは、放送される時間帯が決められていたので、その時間にラジオのスイッチを入れて集中的に耳を傾けなければならなかった。でも約7年前から、**ラジオで放送された番組が1週間単位で、インターネットを通して月曜日の午前10時まで24時間流されている**のである。

　月曜日の午前10時を過ぎると1週間分の放送は全て消去されて、次の週の1週間分の放送が流される。だから、忙しい時には、土曜や日曜日に、まとめて1週間分の放送を聴くこともできる。部屋の片付けをしたり、花に水をやったりしながら、パソコンのスイッチを入れて、テキストを見ずに、流れてくる英語のリズムに気楽に耳をかたむけて、繰り返し英語を聴くことが毎日の習慣になっている。

　個人的には、「NHKラジオ英会話」、「入門ビジネス英語」、「実践ビジネス英語」、「まいにちフランス語」、「まいにちドイツ語」のテキストを購読しているが、これらのテキストは、最終的に知識を確認する時に目を通すことにしている。

各テキストには詳しく、丁寧な、分かりやすい解説・説明が付けられているので、とても便利だ。テキストは500円ほどだが、**購入しておくと、必ず、すべての放送を聴いて、テキストに目を通さないと、「もったいない」という気持ちになる。**

　2年前から「まいにちフランス語」講座を毎日繰り返し聴いていたら、ゼロから出発したのに、今ではフランス語を聞き取って話せるばかりではなく、フランス語の新聞や雑誌も読めるようになった。テキスト代は1年間で12冊計6000円以下だ。つまり、2年間で、1万2000円以下で、フランス語をゼロからものにできた。やはり耳から英語、ドイツ語、フランス語を聴いて理解する習慣は、やめられない。

　1冊500円ほどのテキストだが、毎月数十万部以上購読されているベストセラーだけの価値は十分にある。最高の理想的な英語教材であると思う。

　私もNHK教育テレビ講師を勤めていた時に、自分の番組のためのテキストを作成したことがあるが、あの時ほど勉強になったことはなかった。このワンコインほどで買えるテキストの中身は極めて濃厚だ。**日本人は英語の勉強に、あまりにも多くの時間とお金を浪費しすぎているのではないかと思う。**

　この本の中では、英会話上達の秘訣や楽しみながら、タダでできる英語リスニング力アップの方法も紹介する。

　また、短時間で効果的に単語力を増殖する方法、未知の単語に出逢っても意味を類推(るいすい)できるようになる方法、つまり、接頭(せっとう)

辞・語根・接尾辞から覚える英単語の記憶法（1を知って10を知る方法）やカタカナから覚える「超効率的」英単語記憶法なども学習心理学的に解説する。

30歳ぐらいから、学習心理学的には、丸暗記的な記憶力は落ちてくるが、論理的な思考力や体系的に記憶する力はアップしてくる。

従って、**「一を知って十を知る」という言葉の通り、論理的な思考力や語源から体系的に英単語を類推し、記憶する能力を生かした英語学習法を実行すれば、短期間で英語力を大きく伸ばすことができる**のだ。

私の身の回りに、英語に堪能な人がたくさんいるが、彼らの多くは、英語の勉強にお金を浪費していない。海外留学の経験もなく、ましてや多額のお金を使って英会話学校に通う必要もない。彼らは（私も含めて）、お金を使わずに、楽しみながら英会話の勉強をする方法を知っているだけなのだ。

私は学生時代、国立市のアパートに住んでいたのだが、同じアパートに近藤君という一橋大学の学生が住んでいた。私は時々、彼の部屋に遊びに行っていたのだが、午後3時になると、「小池さん、話の途中だけど、15分待ってね。」と言って、NHKラジオ英会話の放送を聴きながら、テキストも見ないで、シャドーウイングをしていた。

「私は、英語の勉強はこの15分で充分だと思っている。だまされたと思って、やってごらんよ。効果てきめんだよ。」と

彼は言った。私が本格的にNHKラジオ英会話の勉強を始めたのは、この時からだ。

　また、同じころ、国立市の教会で、アメリカ人の新婚夫婦が、一日に2、3時間英会話サロンを開いていた。コーヒー代として100円払えば、自由に参加できた。一橋大学、津田塾、早稲田、慶応、上智、立教、などの学生たちが数十人出入りしていた。

　私も100円で毎回参加していた。彼らは今、新聞記者、商社マン、銀行員として第一線で活躍している。
このような優秀な人間は、お金をかけずに英語を身に付ける機会を見逃すようなことはしないのだ。

　私もお金をかけずに英語を身に付けてきた一人だ。大学で英語を専門に学ばなくても、河合塾、代々木ゼミナール、東進ハイスクールなどで、英語講師を務め、大学でも34年間、放送英語・映画英語・新聞英語を教材とした英語教育を勤めたてきた。

　まず、インターネットでNHK語学にアクセスしてみよう。
　次に、NHKオンラインをクリックしてみよう。すると、番組案内がある。次に、英語、フランス語、ドイツ語等の外国語のサイトがある。英語をクリックすると、NHKラジオ英会話、入門ビジネス英語、実践ビジネス英語、などの講座名がでてくる。例えば、NHKラジオ英会話の「ストリーミング」をクリックすると、1週間分の放送を24時間聴くことが出来るのだ。

学校を卒業して以来ほとんど英語を使った経験がないとしたら、学校で学んだ英語はすっかり忘れてしまっているかもしれない。しかし、英語の勉強であれ何であれ10代のころに覚えたことは、頭のどこかには残っているはずだ。それを思い出してブラッシュアップするのが、効率的な学習方法と言える。

　「受験生の頃にはそれなりに勉強した」という人ならなおさら、一度頭に入れたことのある知識を使わない手はない。特に意識しなくても、勉強を続けていくうちに「ああ、そう言えば、こんなことを習った覚えがあるなあ」という記憶が少しずつよみがえってくるはずだ。

　また、「大人の知恵」を働かせることで、知識の不足や記憶力の衰えなどはいくらでもカバーできる。たとえば私たちの身の回りには、カタカナ英語があふれている。**ゴルフなどの「コンペ」は competition（競争）からきた言葉であり、車の「アクセル」（accelerator）は accerelate（加速させる）という動詞がもとになっている。**これらの単語は大学受験の単語集にも載っており、TOEICテストでも必須だが、大学受験生はこれを丸暗記しようとする。しかし経験や知識が豊富な社会人なら、いろんなカタカナから連想を膨らませて効率的に単語を覚えていくこともできる。このように学習法を工夫することで、「単語を覚えるのは苦手だ」というコンプレックスも感じなくなるはずだ。

　実際に勉強を始めてみればわかることだが、たとえば英文法

については、学校で学んだ知識のすべてが日常会話やTOEICテストの受験に必要なわけではない。

学校の英語は「文章を読む」ことが前提になっており、その中には文学作品のようなものも含まれる。

しかし我々が実際に行う日常的なコミュニケーションでは、英文法の中の限られたエッセンスの部分だけを知っておけばほとんど間に合うことが多い。つまり、**「社会人のやり直し英語」では、中学や高校の英語学習をそっくりなぞる必要はなく、本当に大切な知識だけを効率的に頭にインプットすればよい。**そのためには、「自分は何のために英語を勉強するのか」「英語のどんな力を身につけたいのか」を明確にしておく必要がある。

◆効果的な勉強法のポイント３つを紹介
①具体的な目標を設定する

勉強でも仕事でも、あるいは貯金でも、具体的な目標を決めることでモチベーションが大幅にアップする。このとき大切なのは、最初からあまり高い目標を設定しないことだ。たとえばTOEICテストを受験したことのない人なら、市販されている「TOEIC対策模試」の本を買い、本番と同じレベルの問題を解いてみるとよい。自己採点の結果が400点だったとしたら、「本番ではまず450点を目指そう」という程度の目標を設定する。その目標をクリアしたら、もう一段上の目標を決めればいい。**最初から高い目標にしてし**

まうと、**勉強すること自体が重圧になりかねない。小さなステップアップを積み重ねることが大切だ。**

このことは、学習する素材の選び方についても言える。最近は文庫や新書サイズで比較的分量の少ないドリル的な本がたくさん出版されているので、まず１冊クリアしてみるとよい。一度にまとめて読むのではなく、毎日５分でもいいから学習を継続する習慣をつける方が、最終的にはより多くの学習時間を確保することにつながる。この場合も、「この本は200ページあるから、１日に５ページずつ読んで40日で完了しよう」のようなスケジュールを立てる。１日当たりのノルマを少なく設定しておけば、万一仕事などで予定通りに消化できなくても、休日に遅れを取り戻すことができる。学校の先生がよく言うとおり、**勉強で一番大切なのは「学習習慣づけ」であり、そこさえクリアできれば**あとは量の問題だけになる。

②**英語に接する時間をできるだけ長くする**

24時間英語漬けの環境を作ることができれば、留学しなくても英語がペラペラになることも夢ではない。それは実際には難しいが、できるだけ英語を使う環境を作る努力をすることは大切だ。

そのためには、「勉強以外の英語」に日頃から親しむのがよい。**音楽が好きな人は英語の歌から、野球、サッカーな**

どのスポーツが好きな人はスポーツのニュースを聞くことから始めれば上達が早い。

一般に語学の学習には「読む」「書く」「聞く」「話す」の4つの分野があり、これらの能力をバランスよく伸ばすのが効率的だと考えられている。「話す」ことに関しては相手がいなければ難しい面があるが、それ以外の3つについては、その気になれば24時間いつでも行うことができる。

たとえば書くことについては、**目に見えたものをその場で英語の文に直す練習（口頭英作文）を**、通勤電車の中で行うのもよいだろう。「川に船が浮かんでいる」「風でビルの屋上の旗が揺れている」など、素材はいくらでもある。単語がわからなければ、携帯電話に入っている辞書ソフトで調べればよい。

聞くことに関しても、たとえばスマートフォンには膨大な数の無料の英語学習用アプリが入っている。これらも、短い時間を利用してリスニングの練習をするのに利用するといいだろう。また、スマートフォンでインターネットに接続すれば、英字新聞のサイトで記事の一部を無料で閲覧できる。**インターネット上には無料で利用できる無数の英語学習素材がある**。毎日決まった時間に行うよう習慣づければ、「英語漬け」とは言わないまでも、一定の学習時間が確実に確保できるはずだ。

③体系的に学習する

　学校の英文法を全部やり直す必要はない。しかし、「英文法は必要ない」というわけではない。英語圏の国、たとえばアメリカやイギリスに長い間住んでいながら、日常会話すら、まともに話せない日本人が多いのは、基本的な英文法を体系的に理解していないために、ただ単に単語の羅列を繰り返し、時間だけが空しく経過してしまったからではないだろうか。

　一方、海外渡航や海外滞在の経験が皆無であっても、中学や高校での学習を通して**英文法の基礎力がある程度身についている人は、英語全般の上達が非常に早い。**

　では、「体系的な文法学習」はどのようにして行えばよいだろうか。その答えは各人の学力に応じて異なるが、一般には「中学英語からのやり直し英文法」のような本を読むのがよいだろう。

　中学の英語を完全にマスターすれば、少なくとも文法に関しては、日常的なコミュニケーションに困ることはほとんどない。TOEICテスト対策の観点から言えば、TOEICテストにはいわゆる「文法問題」はほとんど出題されないため、得点を左右するのは文法力ではなく語い（単語やイディオム）の知識の量だと言える。

　逆に言えば、分厚い文法書を買って、内容を全部頭に入れようとするのは学習効率が悪いことになる。**文法は基本**

的には「中学レベルの英文法を完全にマスターする」ことを目標にするのがよい。最近はこのジャンルの本が一種のブームになっており、いろんな本が出版されているので、ネット上のレビューなどを参考にして、自分に一番合っていると思うものを選ぶことが大切だ。

◆ダメな勉強法

英文を読んでいる途中で、未知の単語に出逢うと、英文を読むのを中断して、辞書を引いて、英単語の意味を解読するような作業を繰り返していると、全体の文脈の中で意味を捉えるような推察力が失われ、英語を英語で理解する能力が育たない危険性がある。**知らない単語が出てきてもすぐに辞書を引かず、全体の文脈の中で意味を推察する習慣をつけることが大切だ。**

短時間で、できるだけ大量の英文を速読する習慣を付けずに、ただ漫然と英文を機械的に解読するのに時間を割くような勉強法は間違っている。**英文はあくまでも頭から理解する習慣を付けなければ、英文の速読もできないだけでなく、英語のリスニング能力の向上も望めない。英文は常に文頭から理解するような習慣をつけることが最も大切だ。**

漫然と英単語やイディオムを丸暗記しても無駄だ。英単語やイディオムは文脈の中で理解していないと実際に使うことが出来ない。**使うことのできない英単語やイディオムは、知っているとは言えない。使いこなすことが出来なければ無意味だ。**

◆おすすめの教材

　本格的に英語学習をするための教材としては、たとえば、***ASAHI WEEKLY*** **のような日本語の翻訳・解説が付けられている英字新聞がお勧めだ。**

　NHKの英語ニュース（二か国語放送）と併用すると、時事英語に関するリーディングとリスニングの相乗効果がある。放送英語で聞き逃した単語は英字新聞を読んでいるうちにわかることがある。英字新聞を読んでいると語彙力がアップするので、英語放送を一層聴き取りやすくなる。

　英語の学習素材を選ぶに当たっては、「自分の学力に見合った素材を使う」ことが大切だ。具体的には、リスニングでもリーディングでも、「半分くらいわかる」程度の素材がベストと言える。半分とまではいかなくても、2〜3割程度でもよい。たとえば英語のニュースや洋画を使ってリスニングの練習をしたいと思った場合、ほとんど一言も聞き取れないようなレベルのものを使ってもあまり意味はない。英字新聞なども同様だ。

　その点から言えば、**優れた英語学習素材の例として、先に挙げたスマートフォンや携帯電話の無料アプリのほか、インターネット上の動画サイト（ユーチューブなど）が挙げられる。**この種のサイトでたとえば「**listening basic（基礎）**」「**TOEIC listening**」のようなキーワードを使って検索すれば、自分のレベルに合った無料の学習素材が無数に入手できる。

　なお、動画サイトはアップロードの手間がかかるので、テレ

ビのニュースはあまり入っていない。インターネットで英語のニュースを聴きたいなら、アメリカの国営放送 VOC のサイトがお勧めだ。ここには VOA Special English という初級者向けのコーナーがあり、通常の半分くらいのスピードでニュースなどの原稿を読んでくれる。スクリプト（台本）も画面に出て来るので、文字を追いながら聞き取ることができる。

　動画サイトの利点は、聞き取れなかった部分を何度でもリピートできることだ。リスニングの学習では、1つの素材文を完全に聞き取れるようになるまでくり返して聞くのがよい。そうすることで、耳の力だけでなく、単語の知識を増やしたり、英文を理解する力をアップしたりすることができる。

「読む力をつけたい」という場合は、インターネットでウィキペディア（Wikipedia）の英語版のサイトにアクセスしてみよう。日本語版と同様に、ありとあらゆるテーマに関する情報が詳しく解説されている。内容の信頼性はともかく、仕事でも趣味でも自分の関心のあるテーマについての解説を読めば、英語の力をつけると同時に、幅広い一般常識も身につけることができる。英文の意味がわからないときは、画面を日本語に切り替えれば理解の助けになる。このように現代の英語学習は、本・テレビ・ラジオなどのほかに、インターネットや携帯電話のアプリなどのさまざまな素材をうまく活用することで、昔よりもはるかに効率的に、しかもお金をかけずに学力をつけるための環境が整っている。新しいものにはついて行けないと尻込みせ

ずに、使えるものは積極的に何でも使うという気持ちを持つことが、上達への近道だと言える。**大学では、英語は大学で開講されているネイティブスピーカーの英会話、英作文などの授業に徹底的に参加しよう。**

　英語の学習につながる行事・サークル活動にも積極的に参加するとよい。そうすれば、4年間、英語・英米文化学科に在籍するよりも遥かに英語力を伸ばすことが出来るだろう。経営学や法律、経済、社会学等の様な**専門的知識と英語伝達力が一体化して初めて、実践的な英語力が身に着く**のではないだろうか。

　英語力が急速に伸びる時がある。それは、一日中英語の勉強をしていても、全く疲労感がなく、夢の中でも、英語を話し、英語の本を読んでいるような時である。このような時間は、長期間継続することはないが、一年間の内で、短期間ではあるが、何度か繰り返すことがある。このような経験を経て、英語が徐々に身について行くのではないだろうか。

　先ずは、英語を好きになることが大切だ。好きなことは、続けられる。

　継続は力になる！英語は必ず、人生を切り開いてくれる！

第 2 章

効果的に英語力を飛躍的に伸ばす方法

◆接頭辞・語根・接尾辞から覚える英単語の記憶法

　人間の記憶というものは、14歳くらい、つまり中学生時代をピークにして衰えていき、その一方で、論理的な思考能力がどんどん発達してくると言われる。「1を聞いて10を知る」と言われるように、**与えられた情報から文脈や背景を読み取る能力だ。14～15歳を境にして、物事を論理的に組み立てていく力、推察力が発達してきて、限られた事柄からでも何かを推測して物事を覚えていくようになる。**一般的に、年齢を重ねれば重ねるほど、記憶力が一直線に衰退していくと考えられているが、テレビ番組などの「記憶力コンテスト」のような選手権を見ていると、意外にも年配の人が驚くほどの憶力を発揮することがある。クイズ番組などもよい例だ。

　頭の中に論理的な1つのイメージができあがると、物事は記憶しやすいようになっている。英語に関して言えば、いくつかの単語を覚えていくうちに自然にできてくる、単語の構成要素、つまり接頭辞・語根・接尾辞に対するイメージが大切なのだ。例外も多数あるが、基本的な英単語の構造は「接頭辞（元の語の意味や働きを変える）＋語根（意味上最小の単位）＋接尾辞（元の語の品詞を変える）」となっている。たとえば、internationalという単語であれば、接頭辞はinter（「相互、間」）、語根はnation（「国」）、接尾辞はal（名詞を形容詞にする）となる。こうしてみると、なぜ「国際的」という意味になるのかが分かるだろう。だから、仮にinternationalの意味が分か

らないとしても、この3要素についての知識があれば、かなりの精度で単語の意味を予測できるわけだ。また、prolong という単語なら、pro- は「前」、long は「長い」という意味だから、「前を長くする」、つまり「延長する」「延期する」という意味になっていることが分かるだろう。

　次に、progress というと、gress は「歩いていく」という意味だから、「前に歩いていく」（前進する）となる。では、retrogress ではどうなるか。retro- は日本語でも「レトロな音楽」などと言うように「昔」とか「後ろ向きの」という意味だから、「後ろに進んでいく」（後退する）と類推できる。では、congress ではどうだろう？　con- は「完全な」の意味もあるが、この場合は「共に」という意味で使われているから、「人々が共に歩む」＝「会議」「議会」の意味になる。一方、confess と言うと「完全に＋しゃべる」だから「告白する」という意味で使われる。さらに、contract は語源類推では「共に引っ張る」。当事者が互いに議論して引っ張り合った結果、「契約する」という意味になる。

　また、confess の fess を使った単語例として、professor があるが、これは「人前で話をする人」だから「教授」。応用で promote といえば pro-（前）に motorbike（オートバイ）の mote がついているから「前に動かしていく」＝「促進する」となる。大学受験時代にこうやって単語をけっこう覚えているはずだ。

特に大学受験に出てくるテクニカル・ターム（専門用語）は、英語の母体となっているラテン語やギリシャ語から派生した言葉が多い。だから、bookとかthisとかhatとか、とにかく丸暗記した単語よりも、むしろ楽に覚えられる。分からない漢字を類推するときの、「さんずい」なら「水に関係ある言葉」、「にくづき」なら「内臓に関係する言葉」というプロセスによく似ているのだ。しかも、ビジネス英単語、科学用語、工業英語にはこうした類推しやすい単語が非常に多い。それは、もともと古くからあった単語とは限らず、文明の発展と共に新しく生み出されてきた単語だからだ。したがって、中学時代にdesk, chair, daughterなどと、発音もスペルまったく関係なく暗記しなければならかった単語と比べれば、抽象的な単語のほうがよほど類推しやすいし、記憶にも残るのだ。

　では、接頭辞・語根・接尾辞自体はどれくらい覚えればよいか。多いに越したことはないが、だいたい500〜800個くらいの接頭辞・語根・接尾辞を頭に入れておくと、次々に単語が類推できるようになるだろう。subtractのsub-はsubmarine（潜水艦）から類推して、「海の下のほうへ入っていく船」から「下へ引っ張る」、つまり「減少する、引き算をする」の意味になる。subconsciousと言えば、consciousは「意識」だから、普段考えている意識の下にあるもの＝「無意識」という意味になる。

　この接頭辞・語根・接尾辞からの類推アプローチは、TOEICなどの試験対策にも非常に有効だ。そもそもTOEIC

は、英語で日常生活が送れるかどうかをチェックするためのものだから、経済用語などもよく出てくる。読解問題でもチラシ広告やパンフレット、商品広告が出題されるケースが多い。

　細かく区分けすれば、社会活動とか公共施設、あるいは医療、健康、娯楽、観光、レジャー、ファッション、流行。さらにレストランや食料品売り場とか......。要するに、社会生活を送る上で必要な読解力が、読解問題では試されていると言ってよい。**transcript（成績証明書）は trans + script だが、script は「書く」、trans は「移す」。transceiver（トランシーバー）や translation（翻訳）から類推できる。transcript は分からなくても、「書いたものが人から人の手に渡っていく」、つまり何か書類のようなものだと想像し、文脈から「成績証明書」を類推する。**

　覚える作業の中で、「丸暗記」の概念をなくしていく。**知らない単語に出会ったらどうするかの方法論としてマスターすればいいのだ。**そうすれば、辞書なしに英字新聞を読んだり、英語放送を聞いたりすることが怖くなくなる。どうしても分からない単語については、辞書を引いてもよいが、その前に自分ひとりの力で類推するクセをつけておいてほしい。

　英語が苦手な人も、潜在的に語学に向いていないというよりも、学習方法を間違えて、「苦手意識」を植えつけられてしまっているケースが多い。とにかく、先に単語を覚えなければ、読むことも聞くこともできないと思って暗記する。ところ

が、歳とともに暗記力は落ちるから、心理的な抵抗感が強くなっていってしまう。まず、「丸暗記しなくてはいけない」という呪縛から解放されなければならない。英語の構文も丸暗記する前に、文法的に分析してから記憶するほうがスッと頭に入るはずだ。理解していなければ、応用できない。応用できなければ、「使える英語力」とはならないのだ。

◆接頭辞
- ant(i)- ＝反対
  - antagonist［名］敵対者（ant "反対" + ag "行なう" + ist "人"）
  - antipathy［名］反感（anti "反対" + path "感情"）
- cent(i)- ＝ 100、100 分の 1
  - centipede［名］百足（centi "100" + pede "足"）
  - century［名］世紀（centi "100" + ury "単位" → 100 年）
- co- ＝共に
  - coincidence［名］〈偶然の〉一致（co "共に" + in "中" + cid "落ちる"）
  - cooperate［動］協力する（co "共に" + operate "動く"）
- col- ＝共に
  - collaborate［動］協力する（col "共に" + labor "働く"）
  - collide［動］衝突する（col "共に" + lide "打つ"）
- de- ＝下
  - decline［動］衰える、断る（de "下" + cline "傾ける"）
  - depreciate［動］減価する、けなす（de "下" + preci "値"）

- □ post- ＝後
    - ・postpone［動］延期する（post"後"＋ pone"置く"）
    - ・postscript［名］追伸（post"後"＋ script"書く"）
- □ pre-, pro- ＝前
    - ・precede［動］先行する（pre"前"＋ cede"行く"）
    - ・proclaim［動］宣言する（pro"前"＋ claim"叫ぶ"）
- □ re- ＝再び
    - ・refine［動］洗練する（re"再び"＋ fine"終わり"）
    - ・reserve［動］保存する、予約する（re"再び"＋ serve"保つ"）
- □ trans- ＝越えて、移す
    - ・transact［動］取引する（trans"移す"＋ act"動く"）
    - ・transfer［動］移動させる、乗り換える（trans"移す"＋ fer"運ぶ"）
- □ uni-, un- ＝１つ
    - ・unanimous［形］満場一致の（un"１つ"＋ anim"心"）
    - ・unify［動］統一する（uni"１つ"＋ fy"作る"）

◆語根

- □ ann ＝年
    - ・annual［形］毎年の（ann"年"＋ al"〜の"→毎年の）
    - ・annuity［名］年金（ann"年"＋ ity"状態"）
- □ dom, domin ＝家、支配
    - ・domestic［形］家庭の、国内の（dom"家"＋ ic"〜の"）
    - ・dominate［動］支配する（domin"支配"＋ ate"〜にする"）
- □ flu ＝流れる
    - ・affluent［形］豊富な（af"向かう"＋ flu"流れる"）
    - ・supurfluous［形］余分の（super"超"＋ flu"流れる"＋ ous"〜に満ちた"）

- □ grad(e) ＝歩み
  - ・degrade［動］堕落させる、地位を下げる（de"下" + grade"歩み"→歩みを下げる）
  - ・retrograde［動］後退する（retro"後方に" + grade"歩み"）
- □ ped ＝足、歩く
  - ・expedite［動］促進する（ex"外" + ped"足" + ite"〜させる"→足を自由にさせる）
  - ・impede［動］妨げる（im"中" + ped"足"→他の人の仕事の中に足を突っこむ）
- □ prim, prin ＝第一、初め
  - ・principal［形］主な［名］校長（prin"第一" + cip"取る" + al"〜の"）
  - ・principle［名］主義、原理、原則（prin"初め"→物事の初め）
- □ scrib(e), script ＝書く
  - ・describe［動］描写する、述べる（de"下" + scribe"書く"→書き下ろす）
  - ・prescribe［動］規定する（pre"前" + scribe"書く"→前に書いておく）
- □ sist ＝立つ
  - ・consist［動］成り立つ（con"共に" + sist"立つ"）
  - ・persist［動］固執する（per"完全" + sist"立つ"→完全に立ち続ける）
- □ spect ＝見る、観察する
  - ・aspect［名］面、様相（a"〜に" + spect"見る"→目に見えたもの）
  - ・inspect［動］検査する（in"中" + spect"見る"）

- □ struct ＝建てる
  - ・construct［動］建設する（con"強意" + struct"建てる"→完全に建てる）
  - ・instruct［動］教える（in"中" + struct"建てる"→人の中に知識を建てる）

◆接尾辞

- □ -cast ＝投げる
  - ・broadcast［名］放送［動］放送する（broad"広く" + cast"投げる"）
  - ・forecast［動］予報する、予言する（fore"前もって" + cast"投げる"）

- □ -en ＝〜より成る
  - ・golden［形］黄金の（gold"金" + en"〜より成る"）
  - ・wooden［形］木造の（wood"木" + en"〜より成る"）

- □ -ess ＝女性
  - ・actress［名］女優（act"行なう" + ess"女性"）
  - ・hostess［名］女主人（host"主人" + ess"女性"）

- □ -et, -let ＝小さい、かわいい
  - ・booklet［名］小冊子（book"本" + let"小さい"）
  - ・islet［名］小島（isle"島" + et"小さい"）

- □ -ion ＝抽象名詞（動作・状態・結果）
  - ・intention［名］意図（in"中" + tent"伸ばす" + ion"抽象名詞"）
  - ・tension［名］緊張（tens"伸ばす" + ion"抽象名詞"）

- □ -ior ＝比較級
  - ・inferior［形］劣った（infer"下の" + ior"比較級"）
  - ・superior［形］優れた（super"超える" + ior"比較級"）

第2章　効果的に英語力を飛躍的に伸ばす方法

- □ -ish ＝類似
  - ・babyish［形］赤ん坊のような（baby"赤ん坊"＋ ish"類似"）
  - ・boyish［形］少年のような（boy"少年"＋ ish"類似"）
- □ -ism ＝抽象名詞（主義）
  - ・communism［名］共産主義（com"共に"＋ mun"働く"＋ ism"抽象名詞"）
  - ・optimism［名］楽観主義（opti"望む"＋ ism"主義"）
- □ -ive ＝能動
  - ・protective［形］保護的な（protect"保護"＋ ive"能動"→保護したい）
  - ・relative［名］親類［形］相対的な、関連のある（relat"関係"＋ ive"能動"→関係づける）
- □ -ment ＝抽象名詞（結果・動作・状態）
  - ・encouragement［名］激励（en"中"＋ courage"勇気"＋ ment"抽象名詞"）
  - ・statement［名］陳述、声明（stat"立つ"＋ ment"抽象名詞"）

◆文法の裏づけが大切

「なぜ学生時代に英語が嫌いになったか」と聞くと、たいていの人が「英文法でつまずいた」と答える。現在完了進行形だとか、関係代名詞の副詞的用法だとか、仮定法過去完了だとか……。日常会話や英字新聞でもなかなかお目にかからないような特殊な表現まで事細かに覚えないと、試験でよい点が取れない。このトラウマから抜け出せない人が多いのだろう。

英文法を学習するときのポイントは、「英文法の本を頭から順番にすべて読むような真似はしない」ということ。関係代名

詞が分からなかったら、関係代名詞の項目だけを確認する。つまり、辞書のように英文法の参考書を使うべきなのだ。**ただ単に知識として覚える英文法では意味がない。応用の利く英文法でなければ、ビジネスには使えないということだ。英文法を知っていれば、英会話も上達が早い。**

　英文法の知識があると、文法的に会話を理解することによって、「1を聞いて10を知る」ように幾通りもの応用が利くようになる。文法の知識が欠如したままで、ただ単に文章を覚えていっても、それは系統だっていないバラバラの知識で、次から次へと崩れていってしまう。文法的な基礎知識に裏づけされた応用力があれば、英会話の上達も早いし、英作文を書く能力も飛躍的に伸びる。短期間で自分の気持ちを相手に伝える能動的なコミュニケーション力を伸ばすためには、文法的な知識に裏づけされた応用力が重要なのだ。

　前置詞（副詞）を例にとってみよう。前置詞（副詞）が主に名詞の前についてその名詞に何らかの属性を加えることは、ある程度、誰でも分かっているだろう。ただ、個別の前置詞（副詞）をきちんとコミュニケーションに応用できるかどうかは、前置詞（副詞）の意味をイメージとしてとらえていなければいけない。たとえば、**onという前置詞（副詞）があるが、これを「〜の上に」と丸暗記しているから、応用が効かなくなる。onは、後に来る名詞に物理的に「接触している」というのが本来のイメージだ。**だから、on and offといえば、電気のことで「つ

いたり消えたり」となる。これを応用すると It rained on and off. と言ったら「雨が降ったりやんだりだった」、**on duty today** と言えば「今日は当番で」ということだし、**off duty today** と言えば「今日は非番で」となる。**You are on.** と言えば、通常「おまえら上にいろ」という意味ではなくて、「おまえ仕事だ、出番だ」ということになる。さらに、**It's on me.** と言えば、「俺のおごりだ」だ。**on you** と言ったら「おまえに頼る」という意味にもなる。

◆基本動詞 11 個と前置詞（副詞）9 個でカバーする

　英会話では、あまり厳しく文法的なことを言わなくても、身振り手振りも交えて話をするから、ある程度通じてしまうこともある。だが、英作文、書く英語に関しては、文法的な間違いによって大きな誤解が生じることがある。文法を知らないということは、交通規則を知らないで車を運転しているのと同じで、大変な事故につながってしまうかもしれない。この意味では、**話し言葉でも、文法的な知識が欠如しているために誤解が生じてトラブルに巻きこまれる危険性もあるのだ。**

　時制の一致とか関係代名詞とか現在完了の知識はもちろん必要だ。ただ、実際に話すときには、いちいち意識して使うことはあまりない。**一番大切なのは、コミュニケーションに役に立つ英文法の中核をマスターするということ。**コミュニケーションに必要な英文法は、形容詞とか副詞（修飾語句）という従来

の品詞中心の英文法ではなくて、もっと機能的な英文法。**究極的には基本動詞 11 個プラス前置詞（副詞）9 個をいかに使いこなすかなのだ。**

　基本動詞は、do, get, take, give, put, make, let, go, come, have, keep の 11 個。前置詞（副詞）が in, on, by, for, at, to, with, from, of の 9 個である。これらの表現や組み合わせを覚えれば、相当に守備範囲が広くなる。英検や TOEIC などの試験問題でも、文法問題に関してはこの基本動詞、前置詞（副詞）を中心に出題されているし、リスニングでもこれらをきちんと理解していれば分かるものが多い。よく受験生の中に、「やるべき勉強はすべてやったつもりだが、あとは何をすればいいでしょう」と質問してくる人がいるが、私は「じゃあ、君の持っているイディオム集の中で、この基本動詞を全部、本の後ろから見て意味が分かるかどうかチェックしてみろ」とか、「辞書を見て get の項目をずっと読んでみろ」とアドバイスするようにしている。「get と take だけでもいいから」と。そうすると、試験のときに必ず効果が出てくる。時間のないビジネス・パーソンの皆さんも、この基本動詞、前置詞（副詞）のイメージをマスターすることだ。これで E メールでも英会話でも、まず 8 割方は大丈夫。基本動詞と前置詞（副詞）を使いこなせれば、会議メモでも活躍するはずだ。

　また、短い日本語を瞬間的に和訳する学習法、いわゆる『瞬間英作文』（口頭英作文）をすることによって、実践的な英文

法力を定着させると同時に、英会話の能力と作文力を同時に伸ばすことが出来る。

この場合でも、**基本動詞 do, get, take, give, put, make, let, go, come, have, keep と前置詞 in, on, by, for, at, to, with, from, of** が大活躍する。いくつか例を見てみよう。

GO, COME

go は「行く」、come は「来る」と覚えている人が多いようだが、この2つにはもっともっと広い意味がある。たとえば **go は話し手の頭の中にあるひとつの基点から遠ざかり、離れていく動きや、こちらから向こうへ離れていく動きに使う。一方、come は目標の点に近づく動きや、向こうからこちらに近づいてくる動きになる。**

たとえば、友人と電話で話をしていて「これからそっちに行くから」というとき、日本では自分の視点に立って言うため、「I'm going.」としてしまいがちだが、正しくは「I'm coming.」になる。日本人が「いま行くよ」を I'm going. と言ってしまうのは、go を「行く」、come を「来る」の意味だけでとらえているためかもしれない。

また、**基本動詞の go と come は前置詞とうまく組み合わせることで、難しい言葉をやさしい言葉で表現することができる。** ネイティブの間でも日常的に使われる表現なので、ぜひ感覚をつかんでおこう。

IN, ON

　in the room「部屋の中に」、in a suit「スーツを着て」など、**in**は「（物理的に）中に」というイメージが一般的だが、基本的な意味は「囲い」「包括（ほうかつ）」「範囲」である。たとえば「健康状態がいい」を"in good health"と表現するが、これは体全体がいい健康状態に包みこまれている、そんなイメージである。「包み込む」が抽象化し「状況」や「状態」を表したのがこの表現で、ほかにも in anger「怒って」、in business「商売をして」、(sit) in a circle「輪になって（座る）」などの言い方ができ、時間の中で「包み込み」と in the morning「午前中に」という意味になる。in は、前後左右、上下を含む立体的な空間にかかわっているイメージを抱いておこう。

　onには「上に」の意味があるが、基本的な意味は「接触」「近接」である。しかも、接触する面は「上」だけでなく、上下でも側面、底面を問わない。また、物理的な接触にとどまらず、時間的な接触にも使われ、「同時性」や「最中」を表すこともある。

・On arriving at the station, I called him up.
　「私は駅についたら彼にすぐに電話をした」

　駅に着いたらすぐに電話をするというのは、"駅に着いたら時間と自分が接触している"状況だ。したがって **on** は「時間的に接触している」とか、「状況に直面している」という場合にも使われる。

基本動詞と前置詞を使った諺

　基本動詞と前置詞を組み合わせた諺もたくさんある。

「簡単に手に入るものは、簡単に出ていってしまう。」
Easy <u>come</u>, easy <u>go</u>.

「金は入ってきて出ていくものだ。」＜金は天下の回りもの＞
Money will <u>come</u> and <u>go</u>.

「好きこそものの上手なれ。」
You can <u>do</u> well what you <u>like</u>.

「習うより、慣れろ。」
Practice <u>makes</u> perfect.

「眠っている犬は寝かせておけ。」＜やぶをつついて蛇を出すな＞
<u>Let</u> sleeping dog lie.

「今日できることを明日に延ばすな。」
Never <u>put off</u> till tomorrow what you can <u>do</u> today.

「死を恐れる者は決して危険を冒さない。」
People who are afraid of dying never <u>take</u> chances.

「人は交わる友によりその人柄がわかる。」
A man is <u>known by</u> the company he keeps.

「何もないところからは何も生まれない。」
Nothing <u>comes of</u> nothing.

「すべての策を講じなさい。そうすれば神はお恵みをお与えくださるものです。」＜人事を尽くして天命を待つ＞
Use the means and God will <u>give</u> the blessing.

基本動詞と前置詞を使って、口頭英作文・瞬間英作文をしてみよう

　思いついた内容を短い英文を使ってその場ですぐに表現する、つまり「瞬間英作文」（口頭英作文）の練習を積むことは、英語の表現力アップに大いに役立つ。このとき、基本動詞や前置詞を幅広く活用するとよい。いくつか例を挙げてみよう。

「私はあなたに賛成です。」
I'll go along with you.

「このネクタイはこのスーツに合わない。」
This tie doesn't go with this suit.

「彼はわざわざ私を見送ってくれた。」
He went out off his way to see me off.

「そのコンサートは期待したほどじゃなかった。」
The concert didn't come up to my expectations.

「私の視力は衰えつつある。」
My eyesight is going.

「私は夢は実現すると信じている。」
I believe that dreams come true.

「このネクタイをください。」
Let me have this necktie.

「京都を見物することは非常に楽しかった。」
It was a lot of fun doing the sights of Kyoto.

「仕事に取りかかろう／本題に入ろう。」
Let's get down to business.

「ぼくはきみにカゼをうつされた。」
I got a cold from you.

「空港に着いたら電話をください。」
When you get to the airport, please call me.

「この仕事をできるだけ早く仕上げてください。」
Please get through with this work as soon as you can.

「私はその本を読み終えた。」
I have done with the book.

「彼女はいつも自分の思いどおりにしてしまう。」
She always has her own way.

「それがどんなものなのか、まったく見当がつかない。」
I have no idea of what it is like.

「この車は小さいが、我々には十分です。」
This car is small, but it will do us.

「きみの言いたいことがわからない。」
I can't get what you mean.

「昨日、新しい辞書を手に入れた。」
I got a dictionary yesterday.

「彼がどこに住んでいるのか教えてください。」
Please let me know where he lives.

「ホテルまで乗せていってくれませんか。」
Will you give me a ride to my hotel?

「この絵を壁にかけてください。」
Please put this picture on the wall.

「小池さんに電話をつないでください。」
Please put me through to Mr. Koike.

「我々は性格が似ている。」
We are alike in character.

「彼は私より3つだけ年上だ。」
He is older than I by three years.

「彼は2、3日したら帰ってきます。」
He will come back in a few days.

「インクで署名してください。」
Will you sign your name in ink?

「彼は自分の車で行った。」
He went in his car.

「私は健康状態がよい。」
I am in good health.

「彼は5分の差で汽車に遅れた。」
He missed the train by five minutes.

「きみはその規則に賛成なの？ 反対なの？」
Are you for or against the rule?

「彼がその仕事には適任者です。」
He is the right man <u>for</u> the job.

「4月にしては暑すぎる。」
It is too warm <u>for</u> April.

「彼はそれを5ドルで買った。」
He bought it <u>for</u> five dollars.

「私はこの本をただで手に入れた。」
I got this book <u>for</u> nothing.

「彼は会社でまだ仕事をしていた。」
He was still <u>at</u> the work in his office.

「私たちはその話に感動して泣けてしまった。」
The story moved us <u>to</u> tears.

「彼は待ち合わせのお金がなかった。」
He had no money <u>with</u> him.

「カゼが治った。」
I recovered <u>from</u> my cold.

「彼をどう思いますか。」
What do you think <u>of</u> him?

「彼はひどいカゼを引いて寝ています。」
He is in bed <u>with</u> a bad cold.

基本動詞を使った慣用表現(かんよう)

基本動詞を使ったさまざまな慣用表現を知っておくと、会話での表現力を高めるのに役立つ。主な動詞の例を見ておこう。

◎ do

- [ ] do for「～に向く、～に間に合う」
  Those shoes won't do for hiking.
  (そのシューズはハイキング向きではない)

- [ ] do someone a favor「人の頼みをきく」
  Will you do me a favor?
  (お願いがあるんだけど)

- [ ] do someone harm「人に害を与える」
  It wouldn't do you any harm either.
  (君も傷つくことはないだろう)

- [ ] do with「～で間に合わせる」
  I can do with just vegetable juice for breakfast.
  (私は朝ごはんを野菜ジュースだけで済ませることができる)

◎ get

- [ ] get a bite「軽い食事をとる」
  Do you want to get a bite?
  (何か少し食べない?)

- [ ] get along「仲良くやっていく」
  I want us to get along.
  (私はあなたとうまくやっていきたいんだ)

- [ ] get back to「～に戻る」
  I'd better get back to the party.
  (私、パーティに戻るわ)

□ get into trouble「トラブルに巻きこまれる」
Let's hope your mother doesn't get into trouble.
(君の母親がトラブルに巻きこまれないことを願おう)

□ Get it?「分かった？」
Study hard, or you'll fail the exam. Get it?
(頑張って勉強しないと、試験に失敗するぞ。分かった？)

□ get lost「途方に暮れる、道に迷う」
We don't want you to get lost in the crowds.
(人混みの中であなたに迷子になってほしくない)

□ get on「(電車・バスなどに) 乗る」
You can get on that train to go to Shinjuku.
(あの電車に乗れば、新宿に行けますよ)

□ get ready for「〜の用意をする」
You don't have time to get ready for the date.
(デートの準備をする時間はないよ)

□ get stuck「身動きが取れなくなる、立ち往生する」
The car broke down, and I got stuck in the middle of nowhere.
(車が故障して、どことも分からないところで立ち往生した)

□ get to do「〜するようになる、〜できるようになる」
As you get to know his personality, you'll like him.
(彼の人格が分かるにつれて、彼が好きになるだろう)

□ get together「会う、集まる」
Why don't we get together some time soon?
(近いうちにお会いしましょう)

◎ take

- □ take away「取り除く」
  The police took away his driver's license.
  (警察は彼の運転免許証を取り上げた)

- □ take charge of「〜を担当する、〜の責任を負う」
  Could you take charge of the meeting today?
  (今日、会議の進行役をしてくれないか？)

- □ take on「（仕事・役割・責任など）を引き受ける」
  You shouldn't take on two things at once.
  (一度に2つのことを引き受けるべきじゃないよ)

- □ take over「引き継ぐ」
  I don't think a new employee can take over his position.
  (新入社員では彼の役職を引き継げないと思います)

- □ take to「〜を好きになる」
  My father has taken to cooking since his mandatory retirement.
  (定年退職後、父は料理好きになった)

◎ give

- □ give someone a ride「人を（車に）乗せてやる」
  Could you give me a ride to the post office?
  (郵便局まで車で連れていっていただけますか？)

- □ give a party「パーティを催す」
  We'd like to give a party for your promotion.
  (君の昇進を祝って、パーティを催したいと思うんだ)

- □ give in「屈する」
  I won't give in till we reach an agreement on the business.
  (商談成立まで諦めるものか)

◎ make

- make a living「生活する、生活費を稼ぐ」
  My friend quit a job and started making a living as a writer.
  (私の友人は仕事を辞め、作家として身を立てはじめた)

- make for「～につながる、～に貢献する」
  Only one mistake could make for a failure in a project.
  (たった1つのミスがプロジェクトの失敗につながりうる)

- make sense「意味をなす」
  What you say doesn't make any sense to me.
  (君の言ていることは、〈支離滅裂で〉まったく分からないよ)

- make sure「確かめる」
  Make sure you understand the instructions and figures.
  (指示事項および各図を必ず理解しておいて下さい)

- make up with「～と仲直りする、和解する」
  I want to make up with my boyfriend, but I don't know how.
  (彼と仲直りしたいんだけど、どうすればいいか分からないの)

◎ go

- go after「～を追いかける」
  I'll go after her and give the bag back to her.
  (あとを追いかけて彼女にバッグを返してあげるよ)

- go ahead「先に行く」
  I'll go buy some drinks. You guys can go ahead.
  (飲み物を買いに行くから、先に行っててくれ)

□ go off「(警報などが) 鳴る」
I almost missed the meeting this mornig because my alarm clock didn't go off.
(目覚まし時計が鳴らなくて、あやうく今朝の会議に遅れるところだったよ)

□ go on「続く、進む」
We had to go on even if it snowed heavily.
(たとえ大雪でも、私たちは進み続けないといけなかった)

□ go out「(異性と) 付き合う」
It's not a good idea to go out with the boss.
(ボスと付き合うのは良くないよ)

□ go with「〜と合う、に似合う」
This tie goes with your suits.
「このネクタイはあなたのスーツにお似合いですよ」

◎ come

□ come close to「もう少しで〜するところである」
I was coming close to yelling back at my boss.
(もう少しで上司に怒鳴り返すところだったよ)

□ come from「〜から来る、〜に由来する」
The great ideas come from jokes.
(素晴らしいアイディアはジョークから生まれる)

□ come on「さぁ来なさい、頑張れ、まさか」
Come on, you can do it!
(頑張れ、おまえならできる!)

□ come to think of it「よく考えてみると」
Come to think of it, we haven't seen her today.
(そういえば、今日、彼女を見てないな)

☐ come true「実現する、叶(かな)う」
　I hope your dream will come true.
　（君の夢が実現すると良いね）
☐ come up with「〜を思いつく、提案する」
　How did you come up with that idea?
　（そのアイデアはどうやって思いついたんだ？）

◆メモをとるには、基本動詞と前置詞（副詞）の組み合わせを活用する

　簡単な構文でメモをとるには、do, take, get などの基本動詞と、of, in, on などの前置詞（副詞）の組み合わせを覚えておくと便利だ。これは英会話でも同じことで、ネイティブは基本動詞と前置詞（副詞）の組み合わせだけでほとんどの日常会話を済ませている。たとえば、do を使った文章なら、**I did Kyoto yesterday.**（昨日、京都観光をした。「京都をした」ではない）とか、**you must do the dishes.**（あなたがお皿を洗うんでしょ）など。また前置詞（副詞）の on の活用法なら、**It's on me.**（ここは私がおごるよ）とか。「今日はあいつらにおごらせてやろう」と言うなら、**Today, on them.** と言えば十分なのである。

　英語で日記をつけてみよう、といったたぐいの本が売れていると聞くが、もちろん日記も有効だ。これは英語のメモと同じこと。毎日日記をつけている人なら、英語でも日記をつければ続くだろう。しかし、忙しい社会人で日記をつける暇も習慣も

ない人が、「英語で日記をつけてみよう」といっても、そもそも日記をつけていないわけだから長続きするはずがない。そんな人はわざわざ英語力アップのためだけに日記をつけるのでなく、日ごろつけている会議メモや手帳にメモを英語にすればいい。ただ確かなのは、英語で日記をつけるくらいの英語量を毎日書きつづけると、数週間でも数カ月でもかなりの差がつくはず、ということ。日記でも、単語的にはメモと同様に基本動詞が活躍する。たとえば、**今日1日の出来事を take だけで書いてみる。I took shower in the morning. とか、Don't take a nap**（居眠りするな）とか。**Please take your note.**（メモをとって下さい）、**Take a look at me.**（私を見て）などもある。

　日記というと抵抗がある人は、その日1日の備忘録くらいに気軽に考えるといいかもしれない。手帳に予定を書きこむように、その日1日の仕事の「ビジネス・スケジュール日記」を英語でつけていく。「誰と会って、どの話について打ち合わせした」「この仕事の締め切りは来週月曜日」とか。「企画会議を何時に始めて、スタッフは誰で、プロジェクトがいつから始まるか」とか、書き方や体裁はその日によって異なってもまったく構わない。

◆Eメールでもメモ英語が使える

　こうしたメモやスケジュール日記の英語は、英会話だけでな

く、英文のEメールにも応用できる。Eメール自体、要点を簡潔に表したメモのやりとりのようなものだから、会議のメモがそのまま使えることになる。多少でも英作文に自信がある人ならばおそらくやっているだろうが、英文でEメールを書く場合は、パソコンのワープロソフトに書いてから送ったほうがいいだろう。というのも、ワープロソフトには自動スペルチェック機能があるからだ。また送ったEメールの内容を後から確認するのは大変だが、ワープロファイルに入れておけば事後の検索も簡単だ。実際にEメールを送らなくても、誰かに伝えるつもりでメモをパソコンに打ちこんでおくと、非常に効率的な英作文の勉強になる。定期的に自分がそれまでに書いたメモを読みなおしてみると、英作文の力が着実に上達しているのがよく分かるだろう。

理想的には、社内で（日本人でいいから）英語Eメールでやりとりできる友人を作って、会社の報告事項などを伝えあう習慣をつけると、互いに励ましあいながら英作文の能力が向上していくだろう。次に挙げる「Eメールの最低限基礎構文」を実際に毎日使うことで、英文Eメールへの抵抗がどんどん薄れていくはずだ。

ある日突然、自分の会社が外資系企業に買収されて、次の日から業務連絡はすべて英文Eメールで、というのが冗談でなく現実に起こりうる時代である。**あらゆる業務を日本語と英語でこなせないと、大競争時代を生き残ってはいけない。**英語圏以

外の外国人とコミュニケーションする場合でも、まず共通語として話されるのが英語だ。いざ必要に迫られる前に、積極的に英語に慣れておくに越したことはない。先手必勝である。

◆Eメールの最低限基本構文

◎ はじめに（あいさつ）

- It's good to hear from you.
  （お便り、うれしいです）
- This is regarding the meeting scheduled for next Monday.
  （来週月曜日に予定されている会議に関してのメールです）
- Sorry I didn't get back to you sooner.
  （返事が遅れて申し訳ございません）
- Thank you for your continued support.
  （いつもお世話になっております）
- Thanks for your quick response.
  （さっそくのご返信、ありがとうございます）
- This is to confirm our plan to meet tomorrow.
  （明日の会合の件の確認メールです）

◎ おわりに

- Looking forward to hearing from you soon.
  （ご返信をお待ちしております）
- Please write me back when you get a chance.
  （ご都合がよろしいときにご返信をお願いいたします）
- Thank you for your consideration.
  （ご検討、よろしくお願いいたします）

- ☐ Thank you for your cooperation.
  （ご協力、よろしくお願いいたします）

◎ 結辞
（ビジネス・フォーマル）

- ☐ Best wishes, Your always, Take care,
  （友人に対して）

- ☐ All the best, Yours, With all my heart,

◎ お礼

- ☐ Give my regards to your staff.
  （スタッフの皆様へよろしくお伝え下さい）

- ☐ I appreciate all the work you've done on the project.
  （そのプロジェクトへの数々のご協力、ありがとうございます）

◎ お詫び

- ☐ I apologize for not replying to you sooner.
  （ご返信が遅れまして、申し訳ございません）

- ☐ I'm sorry I made a mistake in the previous e-mail.
  （先のメールで間違いがありましたことをお詫び申し上げます）

第3章
英会話の上達法の秘訣

英会話を上達させるには、次のような点を心がけるとよい。

① 短いフレーズを覚える

　初級レベルの英会話では、まず「言いたくても言葉が出てこない」という壁を乗り越える必要がある。そのためには、形の決まったフレーズをできるだけ多く頭に入れ、いつでも引き出せるようにしておくことが大切だ。Thank you. とか I'm sorry. のような「とっさのひとこと」を自分がどれだけ知っているかを思い浮かべてみよう。10個や20個では少なすぎる。この数が少なくとも100個以上にはなることを目標にして、学習をスタートするといいだろう。

　学習素材としては、英会話フレーズ集のような本がたくさん出版されている。また、インターネットで検索すれば、お金をかけなくてもこうした例をたくさん見ることができる。長いものは暗記しづらいので、3～5単語程度のものから始めて、少しずつ知識を増やすのがよい。

　英会話のフレーズで最も多いのが3単語フレーズで、4単語、5単語フレーズと、使われる頻度が低くなる傾向にある。つまり、イントネーションとリズムが大切なのだ。

　また、いつでも自由自在に使える単語や会話表現のパターンを増やしておくと、言葉の詰まった時や会話を切り出す時に便利だ。たとえば、I'd like to ..., How about ...? 等の様な表現をたくさん覚えておくと便利だ。

間を持たせる、ときに使うつなぎ言葉、相づち言葉も便利だ。

例えば、As you know ..., You know?, Is that so? などの表現が便利だ。

②実際に口に出してみる

一度でも学習した会話表現は、出来るだけ早い機会に、実際に使ってみると、確実に自分のモノになり、使いこなせるようになる。**英会話上達の秘訣は、インプットしたものをアウトプットすることによって、自由自在に使いこなすことだ。英会話の訓練は、実践しなければ、上達しない。ピアノやテニス、水泳の練習に似ている。**

畳の上で、水泳の練習をしても無駄だ。実際に水の中に入って泳いでみないと水泳は上達しない。実際にピアノを弾いてみなければ、上達は望めない。音符をノートに書き写し、丸暗記してもピアノは上達しない。英会話の上達もこれと同じだ。理論的に効果的な練習・訓練を実践を通して身について行くと上達が早いのだ。

口に出す練習は相手がいればベストだが、一人でもできる。発音は下手でも、できるだけ実際の会話に近いイントネーションになるよう意識することが大切だ。たとえば I'd like coffee, please.（コーヒーをお願いします）の場合、4つの単語を同じ強さで読むのではなく、coffee を最も強く読

まねばならない。それは、この文の中で coffee が最も重要な情報だからだ。

　英語では、伝えたい意味に応じてどの単語を強く読むかが決まる。**This is my car.** という文では、**This** を強く読めば「私の車は（他のどれでもなく）これです」という意味になり、**my** を強く読めば「これは（他の人のではなく）私の車です」という意味になる。このように、実際の会話の状況をイメージして文を口に出してみることで、どう読めばよいかも自然にわかるようになる。

③「瞬間英作文」、「口頭英作文」の練習をする

　英語の技能は「読む」「書く」「聞く」「話す」の４つに分けられるが、これらの関係を考えてみよう。

　まず、「聞く力」のベースになるのは「読む力」だと言える。「聞き取れないが、読めば理解できる」ということはあっても、その逆はないからだ。同様に、「**話す力**」のベースになるのは「**書く力**」である。ある文を書くときにはいくらでも時間をかけることができるが、その文を話すときには瞬時に口に出さねばならないからだ。つまり、「話す」ことは「書く」ことよりもはるかに難しい。

　そこには、「**書けるようになる**」→「**書くのに要する時間を短縮する**」→「**話せるようになる**」という関係がある。①で説明した「とっさのひとこと」のようなものは確かに

役立つが、それだけでは会話は成り立たない。**意味のある会話をしようと思ったら、自分の言いたいことを的確な英語で表現する、しかもそれを瞬時に行う力が必要だ。**これは英語学習の中で最も高いハードルであり、一朝一夕に身につくものではない。

実際に外国へ行ったり外国人とコミュニケーションを取ったりする場合、最初のうちは日本語交じりの、あるいは身振り手振りを交えたブロークンな英語でもかまわない。そこから先へ進もうとすれば、「時間をかければ正しい英文が作れる」という段階にまで「書く力」を引き上げることが出発点となる。基本的な英文法の知識を身につけ、時間がかかってもいいから自分の言いたいことを英語で表現する練習を積み重ねるのが、英会話上達には不可欠のプロセスと言える。

◆2 単語のフレーズ

□ Watch out!	あぶない！
□ I mean it.	いいわね・本気よ
□ You'll see.	いまにわかるさ
□ You see ?	いったとうりだろう？
□ That's enough!	いい加減にしてよ
□ Good job !	いいぞ、よくやった！
□ Bottoms up !	一気に飲み干せ
□ That's disgusting.	うんざりだよ

- ☐ No way! うそっ！？
- ☐ Let's see. ええとねぇ
- ☐ Come again ? え、もう一度言って
- ☐ After you. お先にどうぞ
- ☐ I'm off. お先に失礼するよ
- ☐ Same here. 同じく
- ☐ Too bad. お気の毒さま
- ☐ Take care. お元気で
- ☐ I'm moved. 感動したよ
- ☐ Good luck! がんばって！
- ☐ Go easy. 緊張しないで
- ☐ What's new? 元気？

◆3 単語のフレーズ

- ☐ Have we met (before)? （どこかで）会ったことない？
- ☐ Whatever you say. あなたの言うとおりにします
- ☐ How about you? あなたはどう
- ☐ What's the deal? いったい、どうなってるんだ
- ☐ Anytime you're ready. いつでもいいよ
- ☐ You never learn. いつになったらわかるんだ
- ☐ What's on now? 今、テレビ何やってる？
- ☐ Get over it. いい加減忘れてよ
- ☐ I'm not athletic. 運動するのが苦手なんだ
- ☐ My arms itch. 腕がかゆい！
- ☐ Are you serious? ウソでしょ？
- ☐ Don't hold back. 遠慮なさらないで
- ☐ Keep the change. お釣りはいりません。
- ☐ Break a leg! 成功を祈るよ

☐ That's the way.	その調子だ
☐ Way to go!	その調子！
☐ I've seen better.	大したことないと思うけど
☐ It's my turn.	私の番だ。
☐ You mean it?	本当に？
☐ Maybe next time.	また今度ね

◆4 単語のフレーズ

☐ Let's play it safe.	安全策でね
☐ Don't count on it.	あてにしないでね
☐ I'm mad about you.	あなたに首ったけ
☐ You drive me crazy.	あなたに夢中よ
☐ You can't beat that.	いい買い物だね
☐ So far, so good	今のところはいいよ
☐ Easier said than done.	言うは易し、行なうは難し
☐ Let's play it safe.	安全策でね
☐ This seat is taken.	この席はふさがってます
☐ I've been tied up.	ここんとこ忙しくて。
☐ Sorry, something's come up.	ごめん、用事があるんだ。
☐ It can't be helped.	しょうがないね。
☐ He is not available.	席を外しております
☐ Get out the way!	どいて！
☐ Where are you heading?	どこへ行きたいのですか？
☐ Don't play the fool.	バカなまねはやめて下さい
☐ Get to the point.	はっきり言ってみろよ
☐ Let's split the bill.	半分ずつ割り勘だ
☐ Long time no see.	久しぶり！
☐ I need my space.	ひとりになりたい

◆英会話の基本パターンを覚えておくと便利

[グループ1]

1
- □ I'll send you home. 　　　家まで送って行くよ
- □ You're a big help. 　　　おかげで助かるよ

2
- □ Will you treat me? 　　　おごって！
- □ Let's split the bill. 　　　割り勘にしよ

3
- □ I will sue you. 　　　訴えてやる
- □ Give me a break! 　　　いい加減にしてよ

4
- □ It's now or never. 　　　今しかないよ！
- □ I'll take a chance. 　　　一か八だね。

5
- □ Are you two-timing me? 　　　あなた二股かけてない？
- □ Don't get me wrong. 　　　誤解するなよ

6
- □ Do you work out? 　　　運動はちゃんとしてる？
- □ I'm out of shape. 　　　運動不足だ

7
- □ You asked for it. 　　　身から出た錆だね
- □ It happens. That's life. 　　　そんなこともあるよそれが人生だ

8
- □ He hit on me. 　　　告白されちゃった
- □ Don't get me involved. 　　　俺を巻き込むなよ！

[グループ2]

1
- Why don't we eat out? 　外食しない？
- I don't feel like it. 　そんな気分じゃないんだ

2
- When shall we make it? 　いつにする？
- Any day of the week. 　いつでもいいよ

3
- I have a loose stomach. 　お腹を壊しちゃった
- Go easy on the milk. 　その牛乳…ほどほどにね

4
- It takes two to tango. 　二人三脚が必要だ
- You can say that again! 　それって言えてる

5
- For here or to go? 　持ち帰る？それとも食べていく？
- I can go either way. 　どっちでもいいよ

6
- I gotta catch some Z's. 　そろそろ眠りたい
- I have to get going. 　そろそろ切るね。

7
- I got messed with him. 　彼と喧嘩したの
- Don't take it too seriously. 　そんなに真面目にとるなよ

8
- We can work it out. 　努力すれば何とかなるさ
- I feel the same way. 　私も同感だよ

[グループ 3]

1
- How about going out with me? 一緒に行かない？
- Sure! I'll be dressed for that. わかった！　お洒落していくね

2
- Do you have this in my size? 私にぴったりのサイズない？
- This goes better with your shirt. こっちの方が君のシャツによく合うよ

3
- Don't poke your nose into my business. 私にかまわないでよ
- Don't take it out on me. 八つ当たりしないで

4
- I want to get back together. やり直したいの
- I'm sick to death of it. もう、こりごりだ

5
- Saying is one thing, doing is another. 言うは易く、行うは難しい
- You hit the nail right on the head. 的を射ているね

6
- Are you trying to pick me up? ナンパしてるの？
- That's not the way it is. そんなんじゃないってば

7
- Can you give me a ride? 車で送ってもらえる？
- Sorry, I have my hands full. ごめんね、今、手が離せないの

第4章
英語ニュースを毎日聴く習慣をつける

NHKテレビのニュースは、副音声で英語バージョンを聞くことができる。これを毎日聴くことで、リスニング能力を大きく伸ばすことができる。

　NHKニュースを英語で聴くことには、いくつかのメリットがある。その1つは、ニュースの話題が身近なテーマであることだ。外国のラジオ放送などのニュースはその国の政治や国内情勢に関するものなので、日本人にとってはなじみの薄いものや興味を持ちづらいものも含まれている。これに対してNHKニュースは、多くの人が予備知識を持っている内容がほとんどなので、理解しやすい。

　また、**NHKニュースは音声を日本語と英語にいつでも切り替えられる**（両方を同時に聴くこともできる）ので、内容がわかりづらいときは日本語の画面でフォローできる。

　さらに、**日本国内の話題が中心であるということは、consumption tax（消費税）とかstrong yen（円高）のような、日本人が英語でコミュニケーションを取る際に知っておきたい単語の知識を身に付けるのにも役立つ。**

　これらのメリットのほか、現実的に最も大きいのは、「手軽にアクセスできる」という点だろう。たとえば会社から帰って入浴と食事を済ませ、居間のソファに座ったのが夜の9時であれば、テレビのスイッチをつけるとちょうどNHKのニュースが始まる。そのようにして「毎晩夜の9時からはNHKのニュースを英語で聴く」という習慣をつけることができれば、間違い

なくリスニングの力は飛躍的に向上するはずだ。

リスニングをする際には、耳で聴いた英語をそのまま口にする「シャドーウイング」をするとよい。

この方法は、大学2年生の時に先生から教えていただいた英語上達法だ。

英語のニュースを聴くときには、アナウンサーの話す英語を漫然と聞き流すのではなく、アナウンサーの話す洗練された発音やイントネーションを真似ながら、スピードに遅れずに、ぴったりと影のようについて行くと飛躍的に英語の実力がアップすることを教えていただいた。

この方法を毎日欠かさず実践してきたことが、今日の自分の英語力の基礎となったと信じている。

実際にやってみるとわかるが、シャドーイングは決して楽な作業ではない。たとえば My name is Tanaka. I work for a construction company.（私の名前は田中です。私は建設会社に努めています）という2つの文をシャドーイングで読む場合、2番目の文を聞きながら1番目の文を読むことになる。つまり**「聴く」ことと「読む［話す］」ことを同時に行わなければならない**わけだから、初級レベルの学習者にはかなり難しい。最初のうちは、聞いた英文の意味を理解するような余裕はなく、聞いた音を再現するだけで精一杯だろう。訓練を積み重ねるうちに、「理解しながら読む」ことができるようになる。それはつまり**「瞬時に聴き取って理解し、かつ瞬時に話す」**ことがで

きるようなったということであり、このレベルに達することがシャドーイングの最終目標である。**興味のある人は、インターネットで「シャドーイング」というキーワードで検索してみるとよい。具体的な方法に関するさまざまな情報が入手できるだろう。**

また、リスニングの力を飛躍的に伸ばす方法の一つとして、お勧めしたいのが、大量の英語の聞き流しをする方法だ。

部屋の掃除や食事の支度をしながら大量に英語リスニングのシャワーを浴びるとよい。

この際、ただ漫然と英語を流すのではなく、全体の内容を把握しながら聴く習慣をつけるとよい。

具体的には **VOA, NHK の英語ニュースなどもよいが、PC で、24 時間聴ける NHK オンライン語学講座が特にお勧めだ。**

リスニングが苦手な人は、英語の音声に弱いのではなく、英単語や英文法の基礎知識が不足しているでらだ。知らない単語は聴き取れないからだ。

テキストを熟読しながら、これらの講座で、勉強すると、英語の総合力が飛躍的に向上するので、先ずは、PC の NHK オンライン語学をクリックしてみることだ。これまでの英語人生が一変するかも知れない。

(1) ニュース番組の冒頭・リードの表現

ニュース番組の冒頭は、簡単な挨拶から入り次に Top story などを紹介する表現形式をとる。テンポが速く、高いピッチで読まれる。

具体的実例には次のようなものがある。

Good afternoon. This is NHK's midday news for Saturday, the eighth of June.
(こんにちは。6月8日、土曜日、NHKお昼のニュースです。)

Good evening. This is NHK seven o'clock news for Thursday, June sixth.
(こんばんは。6月6日木曜日、NHK7時のニュースです。)

Good morning. For those of you just joining us, here is a look at today's top stories.
(おはようございます。今番組をごらんになり始めた皆様のために,今日のトップニュースからお伝えします)

(2) レポーター紹介の表現

Anchor person がニュースの概要を要約した後、Reporter にカメラを回す際に用いる表現形式の具体的実例には次のようものがある。

NBC's Jack Chestnut joins us tonight.
(今夜は NBC のジャック・チェスナットがお伝えします。)

NBC's Virginia Cha explains.
(NBC のヴァージニア・チャーが詳しくお伝えします。)

NBC's Jim Maceda reports.
(NBC のジム・マセーダがお伝えします。)

Linda Moure is there, live with the News Van.
(リンダ・モーアが現地中継車から生放送でお伝えします)

(3) レポーターの結びの表現

Reporter は Reporter 自身の名前、放送局、レポート地を告げ、現場からのニュースを一定の決まり切った表現で結ぶのが通例である。具体的実例には次のようものがある。

Elizabeth Kale din, CBS News, New York.
(CBS ニュースのエリザベス・カラディンがニューヨークよりお伝えしました。)

- Rosa lee Fox at LAPD headquarters, Los Angeles.
 (ロザリー・フォックスがロサンゼルスのロス市警本部からお伝えしました)

- John Blackstone, CBS News, Silicon Valley.
 (ジョン・ブラックストーンがシリコンバレーから CBS ニュースをお伝えしました)

- Byron Pitts, CBS News, Selma, Alabama.
 (バイロン・ピッツがアラバマ州セルマから CBS ニュースをお伝えしました)

(4) ニュースからニュースのつなぎ表現

場所や時を表す副詞、副語句を用いて新しいニュースの始まりを合図するのが通例である。具体的実例には次のようものがある。

Now let's look at the latest results in Group A.
(次に(ワールドカップサッカーの)グループAの最新結果です。)

Now other news.
(その他のニュースです。)

Still to come tonight ～
(今夜の次のニュースは～)

Now weather.
(次は天気です。)

(5) コマーシャルの間のつなぎの表現

　コマーシャルの間にチャンネルを変えられないよう、次のニュースの予告をしながら以下のような工夫した表現が使われる。具体的実例には次のようものがある。

Just ahead ～
(次に、(次のニュースは～))

When we return, a warning for people on Santa Monica.
(コマーシャルの後で，サンタモニカ郡の皆さんの警告のニュースをお伝えします)

We'll tell you why next.
(理由は、のちほどお伝えします)

(6) 番組終了時の表現

　具体的実例には次のようものがある。

That concludes this edition of the news. Please join us again at 10 pm.
(では、今夜はこれで失礼します。また10時にお会いしましょう。)

That ends our seven o'clock news. Join us at ten thirty.
(7時のニュースは以上です。10時半にまたお会いしましょう。)

◆テレビの英語ニュースの特徴

ちょっとくだけた、親しみやすい英文が多い。特にテレビの場合は、日本人にも親しみやすい英文の特徴があるので、ここで整理しておこう。

1. 不完全文の多用

アメリカTVニュース英語のセンテンスを構文別に分類した結果、その半数近くが単文で、聞き取り易さに配慮がなされていることわかる。Be動詞や主語・動詞が省略された散列文（Lose sentence）がよく見られる。**不完全文を使うことによって、ニュースに緊張感・臨場感を持たせている**ことが伺える。テレビの場合は特に映像情報があるので、完全な文で説明的にするよりは、むしろ不完全文を多用して視聴者を画面に引きつけていると考えられる。具体的な実例を挙げると次のようになる。

And Jack, any idea how this fire started?
（それでジャック、この火事がどうやって発生したのか、考えはありますか？）

More indications of slow economic growth today.
（今日，さらに経済成長の不振を示す兆候が現れました）

Linda Mour is there, live with the news van.
(リンダ・モーアが現地中継車から生中継でお伝えします)

When we return, a warning for people in Orange County.
(コマーシャルの後は、オレンジ群の皆さんに警告があります)

2. 現在時制及び、時制の不一致の多用傾向

　即時性を考えれば、テレビニュース英語では現在形が多いことは言うまでもないことである。ABCテレビで放送された英語ニュースを対象に分析してみた結果、現在形が全体の半数近い42.3%を占め、これに現在進行形を加えると47.6%以上になった。テレビニュース英語の現在時制の使用は大きな特色である。画面で生の情報を提供しながら、現在形を多用することによって臨場感を生み出しているといえるだろう。

　複文の中でもよく使われているのが、「主語＋伝達動詞＋(that)節」と言う構文である。ニュース英語の性質上の特徴として「主語＋伝達動詞＋(that)節」といった構文が多く現れるのは当然である。主節の動詞として一番よく使われるのがsaidで圧倒的に多く、次にtoldが用いられる。特にTVニュースでは聞いてわかりやすくするために、saidとtoldにほとんど限定されているように思われる。

　伝達動詞とthat節内の動詞との時制の一致を検討してみると、約25%が時制の一致をしていない。**現在形を使う方**

が、さらに臨場感・現実感を与えられる。形式的には直接話法と間接話法の中間的なものである。

　具体的な例を挙げると次のようになる。

Prime minister says that it was the best match and he says that he was very much excited.
(首相は、"最高の試合だった。燃えたな〜"と語っています。)

Investigators say the fire broke out in two locations and could not have been set by the same source.
(火災は2ヶ所で発生し、同一の火元から起こったとは考えられない、と捜査当局は述べています)

The Immigration and Naturalization Service says a review of employment records turned up more than 11-hundred violations including fake green cards and social security cards.
(移民掃化局は、雇用記録の再調査により、偽造されたグリーンカードや社会保険証を含む1,100件を超える違反が発見されたと述べています)

The Labor Department says productivity fell during the first quarter for the first time in two years and consumer spending rose less than expected last month.
(労働省の発表によると生産性は第1四半期に2年ぶりに低下し、先月の消費支出の伸びは予想を下回りました)

3. 縮約形及び、親しみやすい口語的スタイルの多用

　　Contractions（縮約形）がよく使われる。Contractionsとは it's、that、I'm、you're、they're、can't、won't などである。このように指示代名詞、人称代名詞および疑問

代名詞の後のBe動詞、助動詞がよく縮約されている。縮約形は口語英語などの特徴である。テレビニュース英語では新聞英語とは異なって、縮約形の使用によりインフォーマルな雰囲気が出ている。フォーマルな書き言葉の原稿をただ読み上げるのではなく、**視聴者にとって親しみやすい響きを与える口語的なスタイルが多く用いられる傾向にある**。具体的な例を挙げると次のようになる。

It's not true.
(それは真実ではありません。)

I've been studying biological terrorism for about three years.
(私は生物兵器によるテロを約3年ほど研究しております。)

It's gonna create the third largest agency in the government.
(それは政府内で3番目に大きな機関を作り出すことになる。)

We'll tell you why next.
(理由は後でお伝えします)

It's almost getting to be a regular event at the zoo.
(この動物園では日常茶飯事になりつつあることがあります)

◆簡単な内容のテレビの英語ニュースを毎日聴く習慣をつける

これまでに紹介した表現パターン以外にも、決まりきった言い方がある。それが天気予報だ。次に天気予報の基本パターンを紹介する。主語や述語などは入れ替わるが、最も頻繁に登場する天気予報のおなじみの表現なので、まずはこの基本パター

ンを覚えてしまおう。一見して、天気予報で使われる文型が想像以上にシンプルなことが分かるだろう。さらに、天気予報の基本パターンに、天気予報に特有な単語やイディオムを入れ替えるだけで、天気予報の聞き取りがほぼ完璧になるはずだ。

1. 天気予報の表現パターン

□ chance of rain　降水確率

□ cloudy skies　曇り空

□ front　前線

□ frost　霜

□ generally fair　だいたい晴れ

□ heavy rain　強い雨

□ high-pressure　高気圧

□ humid　湿気の多い

□ Meteorological Agency　気象庁

□ occasionally cloudy　ときどき曇り

□ partly cloudy　所により曇り

□ (rain) shower　にわか雨

□ temperature　温度、気温

□ thunderstorm　雷雨

□ weather chart (map)　天気図

□ weather forecast　天気予報

2. 実際の天気予報の英語ニュース

An active seasonal rain front exposed the Japan Sea from Hokuriku to northern Kyushu to heavy rain during the night. The Meteorological Agency advised caution in this situation.

(訳) 活発な梅雨前線によって、北陸から九州にかけての日本海側が夜半大雨になりました。気象庁は、このような状況に対する警戒を呼びかけました。

3. ビジネス・ニュース

　先ほど、放送英語ニュースと英字新聞ではテクニカル・タームがほとんど同じと述べたが、もちろん、放送の英語と新聞の英語には根本的な違いもある。

　たとえば、**放送英語は話し言葉が中心なので、英会話の勉強向きである**。また、英字新聞の場合は、日本の新聞と同じように、「見出し」と「最初の文章（リード）」で重要事項がすべて書き表されているのに対して、放送ニュース英語の場合は、簡潔でやさしい文で始まり、徐々に重要な事実を伝えていくという方法がとられている。**だから、1つや2つ分からない単語や聞き取れない部分があっても、最後まで聞きつづければ、耳に残った最後のフレーズがニュースの一番の要点になっていることが多い。**

　また、読者の皆さんが学校英語で苦労した**「関係代名詞」などは、放送英語ニュースではほとんど出てこないから安**

心してほしい。というのも、関係代名詞を多用した複雑な構文は誤解を招きやすく、ネイティブでも一度聞いただけで理解するのは容易いことではないからだ。それに、テレビ放送の全てに字幕があるわけではなく、頭から聞いていればとにかく分かるようにできているのである。

　以上を簡単に要約すると、放送ニュース英語の特質は以下の3点となる。
① 自然な会話体で話されている
② 耳で聞いて分かりやすい
③ 簡潔明瞭で、活力に富んだスタイルを持っている
ビジネス英語ニュースに関しても、この特質は変わらない。
では、具体的にビジネスに関する放送英語ニュースの具体例をみてみよう。

　株・為替に関する情報も、ニュースの終わりあたりに必ずといっていいほど流される。そして、これがまた、日本語でもほとんど決まりきった表現ばかりだ。

　まずは、ビジネス英語ニュースのテクニカル・ターム（特有の表現）と典型的な表現パターンの例をみてみよう。

　□ appreciation of yen/stronger yen /higher yen　円高

　□ depreciation of yen /weaker yen/cheaper yen　円安

　□ stock market　株式市場

　□ stock price /share prices　株価

　□ consumption tax/sales tax　消費税

- ☐ deficit　赤字
- ☐ domestic demand　国内需要
- ☐ economic growth rate　経済成長率
- ☐ economic outlook/prospect　経済見通し
- ☐ financial institution　金融機関
- ☐ general meeting of stockholders/shareholders　株主総会
- ☐ go out of business/go bankrupt　倒産する
- ☐ jobless rate　失業率
- ☐ public investment　公共投資
- ☐ trade balance　貿易収支

◆野球や相撲などのスポーツ・ニュースや実況中継も英語で楽しむ

　英語の初心者が放送英語を聞くコツとして、自分が関心の持てる分野から入るという鉄則があったが、「家に帰ってまで仕事に関連したニュースは見たくない」「経済やビジネスと言うと、日本のニュースであってもどうしても構えてしまって疲れる」という人もいるだろう。「毎日続けるためにはどうするか」が、本書のテーマの根本だが、**スポーツが好きな人なら、スポーツ・ニュースを教材に活用すればいいのである。**

　野球でも、サッカーでも、あるいは日本の国技・相撲だっていい。スポーツに関心があれば、こうしたニュースには違和感なく入っていける。また、ナイターという英語がないように、

テクニカル・ターム（専門用語）が必ずしも日英で共通とは限らないが、たとえば、野球で dugout（ダッグアウト、監督・コーチや選手の控え席）という言葉があるが、dug は dig（掘る）という動詞の過去形で、dugout は、地面より一段低く作られ、球状内で選手が休んでいる「掘り起こされたところ」を表しているのだ。野球中継で使われているカタカナ語の中に、日常生活でもけっこう使われている英語がある。頭の中で別々の引き出しに入れないで一緒に覚えれば、語彙力がすぐに倍になるだろう。

　野球もサッカーも映像を見ていればどっちのチームが勝っているのかとか、誰がシュートしたのかは分かりやすい。また、中には、日本語の小難しい解説が嫌いな人もいるだろう。私は日本語放送では解説を消して見ているが、英語の解説を聞いてみるのも面白いのではないだろうか。

　英語でスポーツ番組を見たり聞いたりする場合、ＣＳ放送などの有料チャンネルか、インターネット上の無料の動画サイト（主にダイジェスト）を利用することになる。リアルタイムでスポーツそのものを楽しみたい人は前者を、自分に興味のあるスポーツを英語学習に利用することがメインの人は後者を選ぶとよいだろう。なお、スポーツニュースは VOA や BBC などの英米のラジオニュースのサイトで無料で聞くことができる。

1. 相撲のニュース

　相撲なども、NHK二ヶ国語放送の英語ニュースであれば、中入り後の勝敗が解説されるが、決まり手をうまく英語に訳していて楽しめる。

　「押し出し」は push out、「上手投げ」は upper-hand throw など、イメージもそのままだ。単語だけ聞いても、最初は決まり手が分からないかもしれないが、映像が一緒にあれば、相撲好きの人ならだいたい分かるはずだ。たとえば、「掬い投げ」は、回しに手をかけないで腕から投げる技だが、英語では belt-less arm throw と、非常にうまく表現している。

　野球放送も、少しずつ聞き取れるようになると非常に面白い。たとえば、**何回の「表」「裏」は、英語では top と bottom と言い、Top of seventh inning なら「7回の表」**ということになる。時々、日本の野球中継を2カ国語で放送しているので、一度聞いてみるといい。衛星放送で大リーグ中継を見る人も増えているだろうが、本場のアナウンサーもまったく同じ英語表現を使っている。アナウンサーの雑談まで聞き取れるようになると、さらに面白さが増してくる。

　「仕事だからしょうがなく」ではなく、**野球が好きだから野球から英語を学びはじめたとか、洋楽が好きだから音楽から英語が好きになったとか、映画が好きで字幕を見ずに**

英語が分かるようになりたくて英語に興味を持った……、そんな人たちは数多い。「好きこそものの上手なれ」は、英語にも当てはまるのだ。

〔相撲の基本用語〕
□ 土俵　sumo ring
□ 取り組み　match

〔相撲の決まり手の表現〕
◎ 基本技
　　□ 突き出し　thrusting out
　　□ 突き倒し　thrusting down
　　□ 押し出し　push out
　　□ 押し倒し　push down

◎ 投げ手
　　□ 上手投げ　upper-hand throw
　　□ 下手投げ　lower-hand throw

◎ 掛け手
　　□ 内掛け　inside hook
　　□ 外掛け　outside hook

◎ **捻り手**
- 突き落とし　push down
- 巻き落とし　swerving throw

◎ **特殊技**
- 喉輪（のどわ）　chin thrust
- 送り出し　back pushing

2. 大リーグの野球も英語で楽しむ

　日本でも大リーグの話題がよく耳にされるようになった。そうなると、いきおい、イチロー選手の出る試合を英語の実況で楽しみたい、ついでに英語力も身につけたいと思う人が出てきて当然だ。

　そこで、大リーグ野球でよく使われる基本用語や頻出表現を覚えてしまおう。日本との用語の違いが意外と面白かったりするもの。そして、大リーグ中継を楽しんでいれば、意外に早く放送内容が分かるようになるはずだ。

　日本のプロ野球がセ・リーグとパ・リーグに分かれているように、米国の大リーグ（Major League）には、2006年現在で National League（16球団）と American League（14球団）があり、各リーグで East Division（東地区）、Central Division（中地区）、West Division（西地区）と地区分けされている。その下には、日本の二軍に当たるマイ

ナーリーグ（Minor League）があるが、その構造は大きく異なる。

　Minor Leagueは、大きく分けてAAA（トリプルA、30球団）、AA（ダブルA、30球団）、A（シングルA、82球団）、Rookie League（ルーキーリーグ、83球団）の合計240球団からなり、それがさらにレベル別に分けられ、7階段の組織構造となっているのだ。また、Majorの各球団はドミニカ共和国、ベネズエラなどにもMinor組織を持っている。Majorで750人、Minorで5000人以上が選手として登録されているといわれている。

　そして、最高峰MajorのNational LeagueとAmerican Leagueで、Division Series（地区シリーズ）、League Championship Series（リーグ優勝決定シリーズ）が行なわれ、各リーグの優勝チームが、米国一、いや世界一をかけて対決する。それがWorld Series（ワールド・シリーズ）だ。

(1) グラウンドのポジションなどの表現

- leader/score board　スコアボード
- center field screen　バックスクリーン
- inning　回
- extra inning　延長の回
- top　（回の）表
- bottom　（回の）裏

- ☐ goose eggs　スコアボードに並んだ0、0の行進
- ☐ (outfield) bleacher　外野席
- ☐ (infield) bleacher　内野席
- ☐ outfield　外野
- ☐ right fielder　ライト
- ☐ center fielder　センター
- ☐ left fielder　レフト
- ☐ fair territory　フェアグラウンド
- ☐ shortstop　ショート
- ☐ infield　内野
- ☐ first baseman　一塁手
- ☐ second baseman　二塁手
- ☐ third baseman　三塁手
- ☐ pitcher　投手
- ☐ catcher　捕手
- ☐ batting average（略：B.A.）　打率
- ☐ bouncer　大きくバウンドするボール
- ☐ (ball) club　球団
- ☐ straight ball　直球
- ☐ fast ball　速球
- ☐ curve ball　カーブ
- ☐ lefty　左腕投手
- ☐ long ball　長打

- □ loss　失点
- □ make a catch/play = take off　捕球する
- □ manager　監督
- □ take a look　（ボール球を）見送る
- □ tied score　同点
- □ triple　三塁打
- □ Triple Crown　三冠王

(2) 知らないと絶対に分からない表現

- □ bullet　弾丸(だんがん)ライナー
- □ career average　通算打率
- □ ejection　退場
- □ failure to field a grounder　トンネル
- □ hit a grounder　ゴロを打つ
- □ hit by pitch　死球(しきゅう)、デッドボール
- □ let a ball pass　パスボールする、捕逸(ほいつ)する
- □ load the bases　満塁(まんるい)にする
- □ losing pitcher = loser　敗戦投手
- □ make an error = bungle　失策(しっさく)する
- □ middle reliever　中継(つ)ぎ
- □ sacrifice bunt　犠牲(ぎせい)バント
- □ sacrifice fly　犠牲フライ
- □ winning pitcher　勝利投手

（サッカーの文例）

☐ 日本はベスト16に入った。
The Japanese team was among the top 16.

☐ フランスは2勝1敗で1次リーグを突破した。
France survived the first found with two wins and one loss.

☐ イングランドは2次リーグF組をトップで終えた。
England finished the second round at the top of Group F.

☐ 彼らは決勝進出を目指している。
They are aiming at the final.

☐ 大阪は先週の8位から順位を上げて5位です。
Osaka is 5th, up from last week's 8th.

☐ 韓国が1ゴール差でリードしている。
South Korea is leading by 1 goal.

☐ ドイツは2点差で負けている。
Germany is 2 goals behind.

☐ 前半は0対0で終わった。
The first half ended zero to zero.

☐ 本田選手は開始3分に先取点を挙げた。
Honda scored the first goal in the third minute.

column　　アドラー心理学の基礎知識（1）

　アドラー心理学の概要を要約すると、次のようになる。
　「自分の人生は、自分自身のために存在するのだから、他人の評価を気にせずに、自分自身にとって、最も有用な、自分自身にとって最も快適な、気持ちいい時間を過ごせるような人生を歩むことが大切である」
　他人の目を気にしない自由な生き方をしていると、時には、他人から嫌われたり、陰口を叩かれたりすることもあるかもしれないが、「自由な生き方」を選んだ方が楽に生きられ、より有用な時間を過ごすことが出来るということだ。
　アドラーは、「人間の悩みは、すべて対人関係の悩みである」と考えている。この悩みを解消するには、自分の考え方を変えることによって、この悩みを解消することができる、という。
　他人には他人の事情、課題、考え方があるので、他人を自分の思うようにしようと思っても、思い通りにはならない。特に他人の愛や尊敬の気持ちは、自分ではどうすることもできない。
　アドラーは、劣等感とは「客観的事実」ではなく、「主観的な解釈」だという。つまり、主観的な「思い込み」なのだから、自分の主観を変えることによって、更には自分の価値観や判断基準、認知を変えることによって劣等感は解消され、飛躍の礎石、成長の糧となるという。（アドラー心理学の「認知論」）
　アドラーは「人は、変われる。対人関係の悩みから解放されるためには、『勇気』を持って、自分を変えることである。今現在の自分が変われば、未来の自分も変われる。」という前向きな生き方を理想とする。
　対人関係の基本は、「私とあなた」の関係である。対人関係のカードは私の手の中に握られてことを忘れてはならない。
　職場や環境を変えても、嫌な人間や自分を嫌う人間はどこの世界にもいる。「私」が変わらなければ、どんな世界に住もうとも、同じ悩みに苦しむことになるだろう。現実を直視して自分が変わらなければ、根本的な解決にはならないのである。

第5章
映画のDVDや英語の歌を活用した英語学習法

「英語でこういう言葉を話すと、相手はこんなふうに反応する」、こうした言葉のキャッチボールが会話には備わっている。そもそも人が言葉を話すのは、誰かとコミュニケーションをとるためであって、ニュースやプレゼンテーションのように一方的に話すのは、例外的な場面といえるだろう。**生きた英語、生の英語を学ぶためには、日常生活の場面を通して学ぶのが一番いい。どういったシチュエーションでどんな表現を使うのが適切かどうか — その教材として、映画は最適だ。**

　ただ単に英会話の教材としてだけではなく、映画を通して、殺伐とした現代社会の中で、心に潤いを与えてくれる。そんな精神面における「癒し」の部分も映画にはある。精神的なストレスを解消してくれたり、心に対して栄養を与えてくれるような映画を、皆さんも人生の中でいくつか覚えているだろう。**自分の心の支えとなっているような「心の映画」、自分がこれまでに感銘を受けたような映画を5本から10本くらい、繰り返し見ることによって、ストレスをためずに、しかも新たな感動を伴いながら、いくつかの場面でどんな言葉が発せられたかが、記憶の中に鮮明に残っていく。**

　感情を伴った経験は記憶の中に鮮明に残る。何の感動もなく、ただひたすら丸暗記しているような勉強ではなく、ときには涙を流したり、ときには腹がよじれるくらい笑い転げたり、といった反応を通して、その場面が強烈に脳裏に焼きつけられる。と同時に、場面の中でどのような会話が交わされたかが、生きた

記憶となって残るのだ。

　放送ニュースの英語と映画の英語を車の両輪としてマスターすれば、日常生活のあらゆる場面で対応できる英語力が身についていくはずだ。

◆**簡単な表現で心を動かす会話ができる**

　映画を見る際に特に注意してほしいのは、簡単な中学校レベルの単語の組み合わせによって、人間の感情を非常に的確に表現するような会話例が数多くあるということ。日本人にはなかなか「言えそうでいえない表現」なのだが、驚くほどに人の心の機微を伝えることができるのだ。

　たとえば、大ヒットした映画『タイタニック』を例にとって、具体的な会話表現をピックアップしてみよう。たとえば、女性主人公のローズがタイタニック号から海へ飛びこもうとしたときに、レオナルド・ディカプリオ演じるジャック・ドーソンが助けようとする。そのときローズが、「飛びこまないで！」と言うシーンがあるのだが、彼女が実際に言っているのは Stay away!。字幕では「近づかないで」と訳されているけれど、原文に忠実に訳せば「離れた状態にとどまって」という意味だ。つまり、「そこから動かないで、そこからこっちへ来たら、私は飛びこむから」ということ。その Stay away! が分かると、今度は Stay back! もイメージがつかみやすくなる。Stay back! は、「そこ（遠く）からこっち（近く）へ来ると危

ないから来ないでくれ」という意味になる。途中で線を引いて、「この線からこっちへ出ないでくれ」という際も Stay back! が使われている。空港の税関などで確かめてほしい。

◆ＤＶＤの段階的レベルアップ法

「『タイタニック』なら５回は見た」という人もかなりいると思うが、何度も同じ映画を見ていると、ある会話がどんな状況で交わされたか、はっきりと生きた状態で記憶に残っていく。最初は映画館の大画面で見て感動する。場合によっては何度か映画館に通う。その後、ビデオや DVD を購入してもう一度あらためて見直す。特に DVD は場面の検索が楽な上に英語の字幕と日本語の字幕が両方入っている。英語の字幕はもともとネイティブでも耳の不自由な方のために開発されたものだが、日本人の英語教育にも大いに活用できるだろう。

DVD の字幕機能を最大限に生かすために、段階的に英語力をレベルアップさせる方法を教えよう。まず、音声を「英語」、字幕を「日本語」に設定する。これは映画館の字幕放映と同じ状態だ。これで耳は鍛えながら、ストーリーを頭に入れる。次の段階は英語の字幕に切り替えて、もう一度見る。最後に字幕をつけないで、ネイティブと同じようにして見る。もちろん、中級者・上級者なら最初の段階を飛ばしてしまっても構わない。

映画の DVD の英語字幕を活用すると、リスニング能力だけでなく、速読の能力も伸ばせる。一石二鳥でなく、一石三鳥を

狙う。短時間で効果的に英語力を飛躍的に伸ばす方法は、これだ！

　英語の映画を英語の字幕付きで見ると、勉強にならないのではないかと誤解している人もいる。リスニング能力が落ちてしまうと勘違いしているようだが、**字幕はすぐに消えて次の字幕が流れるから、英語の字幕を読むこと自体が速読の勉強になるのだ。だから、英語の字幕をどんどん読んでいきながら、自分の耳で聞いた英語の理解が正しいかどうかを確認するのも、読解・速読の勉強と並行したリスニングの勉強になる**。日本国内で手に入るソフトで、この英語音声＋英語字幕が安価に入手できるのがＤＶＤの最大の特長なので、この機能をぜひ活用して、何度も映画を見直してほしい。

　心の映画を最低５本持って、次の場面がどんどん自分の頭で予測できるくらいに見る。そのときに、「なりきり英会話」というか、たとえば、ディカプリオの英語の発音を真似てみたり、メグ・ライアンになりきってみるのも面白い。自分が俳優になったつもりで真似してみると、口調まで似てくるものだし、感情移入もしやすくなる。心理学的には、感情移入をすると対象人物のパーソナリティにまで入りこんでいくので、余計に心の機微が理解できるようになるだろう。

　自分が心から感動できる映画ならジャンルを問わないが、特にビジネスマンにお勧めなのが、やはりビジネス界が舞台になっている映画だ。例を挙げれば、『ウォール街』『摩天楼はバ

ラ色に』『ディスクロージャー』『ジョー・ブラックをよろしく』『サブリナ』など。国際政治に興味があって、かなりの上級者との自負がある人は『サーティーン・デイズ』などに挑戦してみるのもいいだろう。また法律や裁判用語に強くなりたいのなら『推定無罪』とか『ペリカン文書』などがある。

映画によっては、出演者の台詞(せりふ)を本にしたシナリオ集が発売されているものもあるので、興味がある方は買ってみるといい。劇中の語句の解説が載っているので辞書を引く手間が省けるし、すべて日本語で対訳が出ている。じっくりと英語の実力を伸ばしたい人には特にお勧めだ。

◆映画の「この台詞」を聞き逃すな！

英語の得意な人には、映画好きな人が多いものである。最初は字幕スーパーを見ながらでも大丈夫なので、聞き取れる英語が少しずつ増えていけばいいという、軽い気持ちで洋画を楽しもう。ストーリーだけでなく、新たな楽しみが生まれるはずだ。次に比較的人気のある映画からぜひとも覚えておきたい台詞を抜き出しておく。少しでも興味が湧いたら、実際に映画を見て確認してみることをお勧めする。

◎『CHARLIE'S ANGEL（チャーリーズエンジェル）』
　□ Way to go.
　　（よくやった／おめでとう）

- ☐ I'll be right in.
  (すぐ行きます)

- ☐ get one thing straight
  (1つだけはっきりさせる)

- ☐ I can't keep up.
  (もう限界)

- ☐ good with your hands
  (腕が良い)

- ☐ May I take your order?
  (ご注文は?)

- ☐ That's where you come in.
  (君の出番だ)

- ☐ The schedule's come undone
  (スケジュールがずれてしまった)

- ☐ Break it down.
  (詳しく説明を)

- ☐ Sounds like fun.
  (楽しそうだわ)

- ☐ That makes sense.
  (言うとおりだ)

- ☐ Everything okay?
  (うまくいっているかな?)

- ☐ How's it going?
  (元気?)

- ☐ How was your day?
  (今日はどうだった?)

- [ ] That's it.
（それで決まりね）

- [ ] warm up
（〈態度が〉ほぐれる）

- [ ] pay me a visit
（来る）

- [ ] I'll bet.
（そのようね）

- [ ] Take a seat.
（座って）

- [ ] work out
（うまくいく）

- [ ] Are you looking for this?
（これを探しているの？）

- [ ] Get off of me!
（手を放してよ！）

- [ ] What's going on here?
（一体全体、何が起こっているんだ？）

- [ ] No way, no way!
（まさか、そんなはずはない！）

- [ ] In many ways...
（いずれにせよ…）

- [ ] What do you know?
（こりゃ驚いた！）

- [ ] That's incredible.
（信じられない）

- [ ] He's into her.
  (彼が彼女に夢中なのよ)

- [ ] Watch it!
  (気をつけて!)

- [ ] Excuse me, I have to take a phone call.
  (ちょっとごめん、電話がかかってきた)

- [ ] Are you kidding?
  (冗談でしょう?)

- [ ] You know what?
  (あのね)

- [ ] Okay, I will be back.
  (じゃあ、後でね)

- [ ] Spit it out!
  (白状しろ!)

- [ ] A little help?
  (ちょっと助けてくれない?)

- [ ] Right on time.
  (時間きっかりに)

- [ ] We'll be able to stay in touch.
  (いつも連絡を取り合えるわね)

- [ ] You can go your own way.
  (好きにしたらいい)

- [ ] Stick to it!
  (頑張れ!)

- [ ] I'd try it out.
  (ちょっと試してみようか)

◎『Forrest Gump(フォレストガンプ)』

- [ ] You go on ahead.
  (お先にどうぞ)

- [ ] You do your very best now.
  (頑張ってね)

- [ ] I sure will.
  (もちろんさ)

- [ ] Are you coming along?
  (一緒に来るの？)

- [ ] Just stay a little longer.
  (もう少しいなよ)

- [ ] Get over there!
  (あっちへ行って！)

- [ ] You stay away from me, okay?
  (もう、放っておいてよ)

- [ ] Can I have a ride?
  (〈車に〉乗せてくれない？)

- [ ] Just hang on a minute.
  (ちょっと待ってね)

- [ ] Let's move out!
  (出発だ！)

- [ ] Guess what...
  (ねぇ、聞いて…)

- [ ] I owe you a debt of gratitude.
  (君に心から感謝している)

☐ That must be a sight!
　（珍しいね！）

☐ You said it all.
　（君の言うとおりだ）

☐ Things got a little out of hand.
　（手に負えなくなってしまった）

☐ It's funny how things work out.
　（おかしなくらいうまくいく）

☐ Get out tonight.
　（今夜は楽しもう）

☐ Where are you running off to?
　（そんなに急いでどこに行くの？）

☐ I was wondering about that.
　（どうなったか気になっていたの）

◎『Kramer vs. Kramer（クレイマー、クレイマー）』

☐ I'm leaving you.
　（別れるわ）

☐ You really picked something to do.
　（君の考えすぎだ）

☐ So, that's everything.
　（すべて済んだわ）

☐ He's better off without me.
　（彼のためにならない）

☐ I'm going crazy.
　（頭にくる）

- ☐ Don't let it get you down.
  (気を落とすな)
- ☐ I'm not going to let anything blow it.
  (期待を裏切りませんから)
- ☐ Everybody has to, and so do I.
  (誰もが望むこと)
- ☐ Why are you making such a big deal of it?
  (怒るなよ)
- ☐ I'm all you've got.
  (わめいていろ)

◎『SHAKESPEARE IN LOVE（恋に落ちたシェイクスピア)』
- ☐ We've got it all worked out.
  (やっと解決してくれたよ)
- ☐ Drop it!
  (武器を捨てろ！)
- ☐ You're nothing.
  (くたばれ)
- ☐ Bless you.
  (神の恵みを)
- ☐ Be still.
  (じっとして)
- ☐ I am not well-born.
  (生まれがよくない)
- ☐ So what do we do?
  (何をすれば良いんだ？)

- ☐ Chalk it up.
  (つけにしておいて)
- ☐ How goes it?
  (調子はどうだい？)
- ☐ Much good may it do you.
  (それがいいわね)

◎『HARRY POTTER AND THE PHILOSOPHER'S STONE (ハリーポッターと賢者の石)』

- ☐ I'm warning you.
  (君に言っておくよ)
- ☐ Have a lovely day.
  (行ってらっしゃい)
- ☐ I've made a mistake.
  (失敗した)
- ☐ Bless my soul!
  (まさか！)
- ☐ I must be going now.
  (失礼するよ)
- ☐ Best not to mention it to anyone.
  (秘密だよ)
- ☐ Made it!
  (間に合った！)
- ☐ That's odd.
  (変だな)
- ☐ Well done.
  (お見事)

□ Leave it to me.
　（任せて）

◆「英語の持ち歌」を5曲カラオケで歌えるようにしよう！

　英語の歌一曲を暗唱すると、英語の発音、イントネーションはもとより、文法、単語も活きた形で学べるという。英語の歌を人前で歌うことによって、世界中の人々と心を一つにでき、それと同時に人前で英語を話すための自信にも繋がるという。

　最近のカラオケボックスの進化には驚かされる。とにかく曲数が桁外れに多い。しかも、日本語の歌だけでなく英語や韓国語、中国の歌も相当な数が網羅されていて、われわれが青春時代に口ずさんだような懐かしのメロディもたくさん入っている。

　どの世代にも、その時代を反映した心に残るヒット曲がある。日本語の歌なら、歌詞を見なくてもほとんど歌える曲が何曲かはあるだろう。ある程度ヒットしていれば、カラオケにもなっている。不況やブーム一段落でカラオケボックスの集客は停滞しているようだが、サラリーマンの皆さんなら、飲み会の二次会や歓送迎会などでカラオケボックスに行く機会もあることだろう。こうした英語の歌の歌詞の中には、日常会話にも非常に役に立つ表現がたくさん出ている。

　ただし、**英語の歌を覚えて歌う場合には、文法面でいくつか注意する点がある。英語の歌は小節ごとに韻を踏んでいるもの**

だ。単語はまったく違ってもいいし、子音が異なっていることも多いのだが、韻を踏むと曲にメリハリが利いて非常にテンポがよくなる。韻を踏んだり、メロディーに単語数を合わせるために倒置表現を使ったり、主語が3人称なのに現在形にsをつけなかったり、文章が不完全だったりする。英作文のテストなら不正解になるような表現が平気で出てきてしまうのだ。だから、歌詞を頭から暗記して日常会話にそっくりそのまま生かそうとはしないほうがいいだろう。

　それでも、英語の歌を分析すると、逆に文法的にも面白い形になっているものがある。たとえば、ビートルズの『YESTERDAY』という曲で、**Why she had to go I don't know she wouldn't say** という歌詞が出てくる。この文は通常の語順で言えば、**I don't know why she had to go...** となるのだが、目的語節の **why she had to go** が文頭に来た倒置表現で、この部分が強調されている。歌う場合もこの部分に力を込めて歌えばいい。

column アドラー心理学:「予期せぬ成功体験」の受け止め方が人生の方向性を変える

「私は数年間、数学のできない生徒だった。そして、自分には数学の才能が完全に欠如している、と確信していた。幸い、私はある日、驚いたことに、私の教師を悩ませていた問題を解けることが分かった。予期してはいなかった成功体験が、数学に対する私自身の態度全体に変化を及ぼした。その結果、私は学校で最も数学が出来る生徒になった。」(アドラー)

これに似たような体験が私にもあった。紆余曲折(うよきょくせつ)を経て、1972年、私が国立大学を中退して立教大学法学部三年次編入試験を受けた時のことだった。当時は編入試験を実施している大学は少なく、66人の受験者中4人の合格者という狭き門だった。数少ない合格者のために、学生食堂で、教職員が歓迎会を開いてくれた。その時に、一人の教授が、「小池君は、英語が出来るんだねえ。あの問題は、僕が作ったんだけど、採点して驚いたよ。ずば抜けて、最高点だったよ。」と言ってくれた。今思えば、私は正にアドラーの言う「予期せぬ成功体験」をしたのかも知れない。私は高校時代、数学には自信があったが、英語に関しては、好きだったが、あまり自信がなかった。

しかし、**この「予期せぬ成功体験」をしたおかげで、「英語大好き人間」**になった。法学部の学生だったが、他学部の英語の授業も片端から受講した。英字新聞を毎日欠かさず読み、英語ニュース放送、NHKテレビ、ラジオの英会話講座も毎日欠かさず聴いた。そんなある日、**私は偶然、NHKテレビの英会番組の講師をしていた長谷川潔先生(当時、お茶の水女子大教授)に出逢った。**

先生が私に言われた一言が、今日に至るまでの私の英語人生に多大な影響を与えた。「大学の英語の教員になるのならば、英語の教員免状がなくても大丈夫です。私は立教大学経済学部を卒業したので英語の教員免状がないけど、大学で英語を教えています。小池君は法学部の学生だから、高校の英語教諭になるより、大学の英語教員になる方が近道じゃないのかなあ。やれば出来ると思います。頑張ってください!」と励まして下さった。

10年後、私は大学専任講師の職を得ることが出来た。その後、長谷川潔先生と共著で著書も執筆し、大東文化大学準教授と兼任で、母校の立教大学でも英語を教える機会を得た。**「予期せぬ成功体験」と立教大学での素晴らしい教授との出会いによって、英語への道が開かれ、今日に至っている。**

第6章〜第16章は私自身が英語によって人生を切り開いてきた実話である。

column　　アドラー心理学の基礎知識（2）

　アドラー心理学を理解する上で、重要と思われるキーワードを説明する。

① 課題の分離
　他人を自分の思い通りに変えることは出来ない。特に他人の考え・行動・尊敬・愛などの感情は、変えることが出来ないが、自分自身の考え方を変えることは出来る。他人の課題に踏み込んではいけない。自分の課題に他人を踏み込ませてはいけない。自分と他人の課題は分離して考えないと、必ず衝突し、人間関係が破綻する原因になる。

② 承認欲求の否定
　自分の人生は、自分のためにある。他人のための人生ではないのだから。そして、他人もまた、その人の人生を生きているので、こちらの期待を満たすために生きているのではない。自分がだれかから嫌われているとすれば、それは自分が自由に生きている証であり、自分が自分の人生の主人公になっている証なのである。

③ 認知論
　人は誰でも、客観的な世界ではなく、自分の世界観に基づいた主観的な世界に生きている。各人の主観が異なるので、認知の仕方、ものごとの捉え方、考え方、感じ方は、十人十色である。人は自分の主観から逃れることは出来ないが、自分の主観・考え方・感じ方は、自分が変えることが出来る。

④ 目的論
　行動や失敗の原因を過去に遡って考えても、過去は変えられない。大切なのは、これから、どうするかである。人は何らかの目的を持って行動している。未来の目的は自分で変えられるので、これからの行動も変えることが出来る。大切なのは、何が自分に与えられているのかではなくて、自分に与えられているものを、どう使うかである。

第6章

人間の運命（1）
もし、あの時、あの駅で
降りてなかったら

1978年5月。

27歳の時、私は放浪(ほうろう)の旅に出た。

26歳の時、交通事故で、九死に一生を得た。その時から、「自分は一度死んだ人間だ。今自分が生きている人生は、おまけの人生だ。だから、思いっきり、自分のための人生を前向きに生きて行こう」と思うようになった。

新幹線の切符を買って適当なところで降りて、気ままな一人旅をしていた。

豊橋の近くまで来たときに、ちょっと降りて、どこかに泊まってみたい気持ちになった。

豊橋駅を降りてみると、空が青々としていて、とても気持ちの良い日だった。しかし、日も暮れ始めたので、どこか泊まるところを探そうと思った。

ホテルや宿などに泊まるお金もなかったので、私は、この近辺の国立大学の教室にでも新聞紙を敷いて泊まろうか考えていた。

愛知教育大学が豊橋近辺にあるということに偶然気がついた。地図を見ると、それは豊橋から名古屋に向かう名鉄の電車に乗って行けばよいということがわかった。私は、名鉄の鈍行の電車に乗ってコトコトと愛知教育大学のある、知立(ちりゅう)というところの駅で降りることになった。

だが、驚いたことに愛知教育大学は知立駅から更にバスで数十分、揺れていかなければ行けないような所にあった。

これは明らかに、計算違いだった。なんとか愛知教育大学に向かうバスに飛び乗った。私が愛知教育大学にたどり着いた時には、すでに日が暮れていた。

　大学構内には学生が殆ど残っていなかった。私は大教室の中に入り込み、一夜をその教室で明かそうと考えた。

　誰もいないガランとした教室だった。

　長椅子の上に自分の着ていたジャンパーを引いて、横になった。5月の最初の頃だが、夜になると、少し寒かった。

　すると、学生達が二、三人入って来た。

「そこで何をしているんですか？」

「今晩、一晩だけ大学に泊めてもらおうと思って、今、寝るところなんですよ」

「そんなところで寝ていたら寒いでしょう。もしよろしかったら寮に来て泊まったらどうですか？」

　私は大学の寮に泊めてもらった経験があったので、躊躇しなかった。

「そうですか、じゃ、すいませんけども、一晩だけ泊めて頂けますか」

　私は、リックを背負って学生達の後についていった。

　学生達はとても明るく、楽しそうだった。

「どこから来たんですか？」

「東京から来たんだけれども、この辺に泊まる所がなかったんで、一晩だけ泊めてもらおうと思ったんですよ」

この言葉に、学生達は爆笑した。
「おもしれえなあ、うちの学校は結構、女の子が多くて楽しいんですよ。」
　学生達は爆笑しながら、私を寮に連れていった。

　学生寮はひとつの建物に男子寮と女子寮が食堂を境にしてあり、食堂で男の学生と女の学生が仲良く話をしているような微笑ましい光景が見られた。
　学生達は爆笑しながら、私を男子寮の一番端の部屋に連れて行った。
「ここに泊まればいいよ。一晩、まあ、気楽に過ごして下さい」
　風呂の方も案内してくれたり、食堂を案内してくれたりして、まるで学生は旅館の主人のようだった。
「俺の部屋に来てくれよ」
　一人の学生が私を自分の部屋に連れて行った。二人部屋だったが、暖かみのある部屋だった。
　私はさすがに恐縮してしまった。
「あのさ、一宿一飯の恩義があるのでサントリーのホワイトを１本買って来たよ。」
「サントリーレッドでいいのに。あまり気を使わないでください。」
　すると、学生達が大勢集まってきた。
「どこから来たんですか？」「どうして旅行してるんですか？」

学生たちは、興味深げに尋ねた。

　私が泊められた部屋は学生運動の活動家達がよく集会に使っているような部屋だった。

　私を寮に連れてきた二、三人の学生というのは学生運動の活動家だった。ヘルメットに中核とか核マルとか書かれており、ペンキの臭いがした。

　話をしてみると学生達は七年生とか八年生が多く、私とも年齢が近かったので非常に歓迎してくれた。

　学生達と一緒に酒を飲みながらいろいろなことを話していると、気持ちが通いあって来た。

「明日、名古屋の方に行ってしまうんですか」

「いや、まだわからないよ。いつまでこんな旅を続けるかわからないんだけれども、こんなにいい環境のところで勉強できて本当に幸せだなあ」

「もしよろしければ、いつまでもここにいていいよ。」

　その時の言葉がとても私の心に染みた。

「居たかったら何時までも居てもいいんだから、俺達と一緒に生活しようよ」と活動家の学生達が言った。

　その時の私は心に深い傷を負っていたこともあり、彼等の優しさというものが、とても嬉しかった。旅先で、心の温もりを探していたのかもしれない。

　一晩、泊まった次の日、食堂に行くと女子学生達も朝食を取っていた。

この大学を卒業すると、大体、愛知県を中心としたところの小学校や中学校の先生になる学生が集まっていた。体育専攻の学生、音楽専攻の学生、美術専攻の学生等がいた。彼らに囲まれ、私は楽しい日々を過ごした。

　大学は広大できれいなキャンパスだった。キャンパスの近くに大きな池があった。

　その池の回りを散歩しながら、自分がこれからどうしたらいいのか悩んでいた。

　「居たけりゃ、いつまで居てもいいよ」と言う優しい学生の言葉に甘えて、私は彼等との協同生活をすることになって行った。

　ある日、中山君がリュックを背負っていたので、

　「山登りに行くの？」と訊いたら、「今から部室を回って、酒を回収してくるんだ。」と言って出かけて行った。

　数分後、リュックの中にサントリーレッドの飲みかけのボトルを３本入れて戻ってきた。「部室に置いてあったんだ。これで、当分間に合うだろう。」と言って笑っていた。

　毎日、宴会だった。酒が切れれば誰かが調達してきた。

　毎日がとても楽しい日々だった。

　私は大学の授業には出なかったが、大学の部室、校舎、食堂、生協のような施設を利用させてもらった。

　気が付いてみると、愛知教育大学の寮で過ごし始めてから、１か月以上が過ぎようとしていた。

幸せに、楽しそうに毎日を送っている学生を見て、どこの大学にも、青春があるのだなあ、としみじみと感じた。

　一度も訪ねたことのない、見知らぬ土地でとても親切にされ。一緒に学食でメシを食い、風呂に入ったり、酒を飲んだりして、ルンペン生活を送るなんて考えてもいなかった。

　そんなある日の事だった。**私は偶然、愛知教育大学教授の中島先生（教育社会学）と出逢った。**

「君はこれからどうするつもりなの？うちの女房が栃木県の益子出身なので、私はあんたが栃木県出身だと聞いた時に何となく親しみを感じたんだよ。**あんたはこのままの状況だと、まともな社会生活を送れなくなってしまうよ。小池君は英語が得意らしいけども、高等学校の英語の教員になることを考えたらどうかね**」

「英語の先生には今までなりたいと思っていたのですけれど、私は法学部卒業なので、教員免状を取るには最低2年はかかってしまうでしょう。大体、大学の三年生頃から教職の単位を取っていかなければいけないし、教育実習もあるし、そんなことを考えて私は自分が英語の教員になることは諦めていたんです」

　中島先生は目を丸くして、私の顔を見て、思いもかけない言葉を投げかけた。

「わしの後輩で、東北大学経済学部の卒業生だが、三十半ばまで放浪していた奴がいた。そいつが、今の君と同じ様な状況

にいた時に英語の教員になることを奨めたんだよ。

　そしたら日大の通信教育をやって一年で単位を全部そろえて、今は高等学校の英語の教師として、バリバリ頑張っているんだよ。そういうのがいるんだから、君だって法学部出身だけれど、一年で教員免状が取れる道があるんだよ。」

　私はこの思いもかけない言葉に驚いた。

　「そんなことはないでしょう。だって一年間で通信教育を受けて教員免状が取れるなんて、そんなうまい話があったら私もやってみたいですよ」

　「わしは、嘘は付かないよ。いいかい、通信教育の資料がここにあるんだよ。ここに電話して聞いてみたらどうだい」先生は日大の通信教育を紹介してくれた。

　私は半信半疑でその資料に目を通した。
「でも先生、通信教育にはスクーリングがあるでしょ、大変ですよ」

　「スクーリングはやらなくてもいいんだよ」

　私は通信教育にはスクーリングは付き物だと勝手に思い込んでいた。

　「4年生大学を卒業した者はスクーリングをやらなくとも、レポートを提出して、定期的な試験を受けて単位さえ揃えれば教員免状は一年以内に取得できるんだ。

　まず、学士入学という形をとって日大の英文科三年次に編入して、英語の教職に必要な単位を取ってから退学すればいい。」

更に驚いたのは通信教育の学費があまりにも安いことだった。「こんなにいい話が、本当にあるのだろうか。」私は、内心とても不安だった。

「小池君、あんまりかっこつけんなよ。あんた今からやり直さないと、もう遅いよ。教員になるには一定の年齢制限というものもあるし、あんた何、かっこつけて放浪しているんだい。とにかく君は一刻も早く東京に戻って日大に出向いて、通信教育のことを調べて教員免状を取って自分の人生をもう一度やり直したらどうなんだい。頑張れよ」

中島先生は、私の肩をポンと叩いて優しく微笑んだ。

気がついてみるともう七月に入っていた。

私は中島先生の言葉を信じて、学生達に別れを告げ、東京に向かった。愛知教育大学はとても素晴らしい大学だった。学食のおばさんは時々、内緒で注文しない物までも皿の上に乗せてくれることがあった。天ぷらを二つしか頼まないのに、気が付いたら五つあっこともある。

「何故こんなに沢山くれるんですか？」と聞くと、「これ余ったから、あんた食べなさいよ」と言って食べさせてくれた。何故かとても心がなごむようなところがあった。

女子学生もとても優しくて親切な人が多かった。とても心暖まるような出会いがあった。

ある女子学生が「今日は日曜日で食堂が閉まっているので、

私のところに来てご飯でも食べませんか」と誘ってくれた。「もしかしたら、この人は私に特別の感情を抱いているのではなかろうか」と思ったが、それは勘違いだった。彼女の部屋を訪ねて夕飯を一緒に食べたことなどが、懐かしく思い出された。美術を専攻していた、二年生の女子学生、そしてまた障害児教育を専攻していた三年生の女子学生、そして社会科教育を専攻していた六年生の男子学生、算数を専攻していた山口県から出て来た女子学生、などの顔が次から次へと今でも思い浮ぶ。

　数えてみるときりがない。顔は覚えているが、名前がなかなか思い起こせない人もいる。できればこれらの人達、一人一人に今でも心からお礼を言いたい。

　新幹線で豊橋から名古屋に向かう途中で、この時のことを、いつも思いだす。

　愛知教育大学での学生さん達の優しさや中島先生の忠告がもしもなかったならば、私が高等学校の教壇に立つこともなかっただろう。また大学教授として、多くの著書を出版することも無かっただろう。

　人間の出会いとはとても不思議なものだ。とても不可思議な、何か運命的な人と人との出会があると感じざるを得ない。

　ただ私が愛知教育大学でいつも心に留めておいたのは、「**人の嫌がる事を言わず、人の嫌がることをせず、そして人がして欲しいことをしてやるという信念だった。**

水道橋の駅で降りて日大の通信教育の本部に向かって歩いて行った。雨はやんでいて、雲の合間から青空が覗いていた。日大の通信教育の本部についた。

「実は私、法学部の卒業なんですが、教員免状が一年で取れますか？」と尋ねると、

　担当の方は、「はい、大丈夫です。一年で教員免状はあなたの勉強次第で必ず、取得できますから、頑張ってください」と言われた。

「7月に入学の手続きをすると、4月入学にさかのぼっての入学ということになります。」

　この言葉を聞いた時、私は驚いた。

「私は通信教育部に三年次学士入学ですが、スクーリングは別に受けなくともよろしいのですか？」

「教員免状に必要な教育実習を9月に行う為には、どうしても最低限必要な単位があるのです。あなたの場合には、必要単位がゼロなので、夏期のスクーリングを受けることを条件にして、最低限必要な単位を習得見込みということで、9月の教育実習を許可します。これは特例です。教育実習で教壇に立つ以上は、教職と英語の専門科目を20単位ぐらいは取得していることが必要なのです。」

　通信教育の担当者は親切で、丁寧に説明してくれた。

10月に母校に教育実習をした。その半年後、私は英語担当の高校教諭として出発することになる。中島先生のお蔭で人生

の方向転換ができた。

　夏期のスクーリングが始まった。

　教科書をまだ持っていなかったので、左隣の男に声を掛けた。

「すいませんが、ちょっと見せて頂けますか？」

「どうぞ」と言って、彼は快く教科書を見せてくれた。

　彼は、早稲田大学文学部を卒業していたが、在学中に教職を取らなかったので、塾の先生をしながら、英語の教員免状を取ろうと思って頑張っていた。右隣に座った女性は東大のフランス文学科を卒業していた。結婚してから英語の教員になろうと考えたこともあって英語教員免状を取っていた。また、後部座席に座った女性はJALのCAだった。彼女は、高校を卒業後、大学受験に失敗して、浪人中にCAの採用試験を受け合格したが、将来、高等学校の英語の教員になることを志し、CAをしながら高等学校の教員免状を習得したいと考えていた。

　特に沖縄から来ている人達には感銘を受けた。

「一生懸命貯金したお金を一ヶ月間のスクーリングで殆ど使い果たしてしまう。」と話してくれた沖縄の女性は本当に一生懸命に勉強に取り組んでいた。

　毎日が新鮮な感動に溢れていた。様々な境遇にあって、一生懸命に自分の人生を方向転換しようと思って頑張っている方々がこんなに沢山、日本中からスクーリングに押し寄せていることに深く感動した。

　様々な境遇にある人達が、同じ授業を受けているうちに、お

互いに励まし合い、助け合う姿に感動した。

こんなに素晴らしい通信教育という制度があるということをもっともっと世間の人達に広く知って欲しい。

自分が交通事故に遭って、九死に一生を得たことや、一橋大学と東大の大学院の試験に失敗したことなどの**マイナス経験を前向きに受け止めたことが、結果的には、自分の視野を広めることにつながって行ったのだ。**

私は、これまでの自分のマイナスの経験に心から感謝したいような気持ちになった。

他人と自分を比較し、そして他人よりも自分が優っていなければ、気が済まないような人生を歩んでいたとしたならば、人間はいつまで経っても幸せにはなれないだろう。

他人から良く思われたい、他人から尊敬されたい、と自分が思っても、尊敬するか、しないかは他人が決めることであり、自分自身が決めることではない。

他人の目を気にせずに、そしてまた他人と自分とを比較せずに自分のやりたいこと、あるいは好きなことを一生懸命に、信念を持ってやっていれば、必ず人間は幸せになれるのではないだろうか。

私は日大の通信教育と並行して、自分自身の英語の力を伸ばしながら、教員免状に必要な単位を取りたいと考えた。

そこで、一石二鳥をねらって**国際基督教大学（ICU）が三学期制をとっているところに着目した。私は、9月からICUの**

聴講生として入学することを許可された。ICUは独特な教育方針を取っている大学で外国人や帰国子女の数も多かった。英語の勉強に関しては半分、アメリカの大学に留学したような大学だ。広大なキャンパスはとても素敵だった。

日大の通信教育では、教育学、教育心理学、教育実習等のような教職科目を履修した。ICUでは英語学、言語学のような科目を履修した。英語の力を付けると同時に教員免状に必要な単位を履修することに専念した。

ICUの図書館は夜11時まで開いていた。私は毎日、閉館までそこで勉強した。毎日ナップザックを背負って自転車で通学した。ICUはアメリカの大学のような感じだった。日本人の顔をした人が平気で英語を喋っていた。どれが日本人で、どの人が外国人なのか、わからないような状態だった。最初、私は戸惑った。

英語学や言語学などの科目も全て外国人の教員の授業を聴いたほうがためになると思って、積極的に外国人教授の授業に出席した。

授業中に帰国子女が極めて慣れた英語で先生に質問するのには驚いた。私は、英語に関しては自信を持っていたが、やはり英米に7、8年住んでいる方とか、5、6年英語圏で過ごしたことのある学生が多かったので、特に英会話に関しては、多少劣等感を抱かざるを得なかった。

教員免状取得のためには直接関係無かったが、英語の力を伸

ばしたいと思い、**教官に頼んで、一年生対象の『フレッシュマン・イングリッシュ』に参加させてもらった。この授業は、ICU独特の教授法で進められていた。毎回、速読のテストがあった。1分間で英語を何語読めたかを測定するテストだった。徹底的に鍛えられた。**図書館では毎日、英字新聞を読んだ。外国人教授による英語教育や英語学の授業の予習、復習をすることは大変だった。膨大な英文を読まされ、日本語を全く使わない授業だった。ICUの素晴らしさというのは、例えば学生達の中にカナダで3年間、高校生活を送り、中学時代はドイツで3年間過ごし、そしてまた再び日本に戻ってきたといったような学生がいた。或いはロサンゼルスに7年いてからICUに入つたとか、そのような多国籍を経験した様々な人々といろいろ意見を交わすことができたことが、とても素晴らしい事だった。

　最初、帰国子女が何を考えているのか、戸惑うこともあった。でも、日本語と英語をきちんと使いこなす学生達には感心した。極めて優秀な学生が多く、頭の回転も早いので私は、自分も頑張らなければいけないと思い、励まされた。

　自分はただの聴講生に過ぎない。自分は教員免状に必要な単位だけを集めている、部外者だと思っていた。だが、ICUの学生達はそのようなことは全く考えていなかった。部外者の私を心から心配してくれていたのだった。「こんなに心暖まることが、自分のこれまでの人生にあったのだろうか」と私は感動した。

　ICUは少数精鋭主義の大学で、キリスト教精神に貫かれた

教育方針がある。人道主義、人間愛、博愛主義といったような人間にとって最も大切なことを教えてくれる大学だった。学校全体がそのような信念に貫かれていて非常に過ごしゃすい大学だった。このような恵まれた環境の中で、一人一人の学生が大切に育てられるのは素晴らしいことだ。**私がICUに在学したのは僅か1学期間、約3か月間だったが、得たものは大きかった。**

他人の立場に立って考えることの大切さ、人間の存在に対して抱く崇高念、一人一人を認め合って大切にし合う精神などをICUから身を持って学ぶことができた。

僅か1学期間の聴講生の私のために、ICUの学部長が高校の理事長宛てに手書きで長い推薦状を書いて下さった。

御礼に私は、特大のサントリーレッドを買って行った。

「君、気持ちだけ頂いておくよ。ありがとう。サルに餌を与えないでください。私は、やっと酒をやめたのだから。」

あの時の学部長の笑顔は、生涯忘れることはないだろう。

Education（教育）の語源は、外に（能力、可能性を）引き出すという意味で、instruction（訓育）の語源、「中に詰め込む」という意味とは違う。教育とは、文字通り、子供の可能性や能力、才能を外に引き出して、実現させて行くことなのである。

子供には、それぞれ様々な個性、能力、才能がある。文章表現能力や英語習得能力の高い子供もいれば、理数系に強い子供もいれば、音楽や体育系の能力の高い子供もいる。

学習心理学者であるスキナーは、「子供にやる気を起こさせ、

能力を伸ばすために最も効果的なのは、褒めることである。罰を与えることからは、何も生まれない。子供の良いところを見つけて、褒めてあげることによって、子供は自発的に学習に取り組み、能力を伸ばして行くのである」といっている。

　子供の可能性を伸ばすには、人前で恥をかかせたり、罰を与えてはいけない。子供は委縮してしまい、自信をなくし、能力や才能を伸ばす可能性を閉ざしてしまうからである。注意を与えるだけでいいのだ。愛情を注ぐことによってのみ、子供の可能性を伸ばすことが出来るのである。

教育とは、子供がその可能性を実現して行くのを助けることである。教育の反対が洗脳である。（ユング）

Education is identical with helping the child realize his potentialities. The opposite of education is manipulation.

不器用な手は、実際の活動の中で訓練することによってみ巧みになる。（アドラー）

The clumsy hand can become skillful only through exercise in practical activities.

困難は成功へ向かう途上での越えられるべきハードルに過ぎない（アドラー）

Difficulties will be seen merely as hurdles to be cleared on the way to success.

思春期における非常に多くの失敗の原因は、子供の時に甘やかされたことにある。（アドラー）

A great many failures in adolescence were spoilt as children.

少年が母親とうまくゆかず、少女が父親とうまくいかない場合、彼らは後の人生において、対照的なタイプの人を探すし求めることもある。（アドラー）

Sometimes if a boy experiences difficulties with his mother, and a girl with her father, in later life they look for a contrasting type of person.

人が結婚に適しているかを恋愛の仕方によって全面的に判断することはできない。（アドラー）

We cannot judge a man's fitness for marriage entirely by his courtship behavior.

第 7 章

人間の運命（2）
もし、あの時、電車が遅れてこなかったら

JR中央線の吉祥寺駅で電車を待っていた。しかし、電車がなかなか来なかった。

　普段はあまり駅の売店で買い物をするようなことはなかったし、売店の雑誌を立ち読みするようなこともなかった。

　だが、電車が数十分も遅れていたこともあり、何気なく売店で売られていた**『就職情報』（リクルートセンター）**を偶然にも立ち読みした。

　それは当時、100円ほどの雑誌だった。ちらりと表紙を見てみると**『年齢制限を越えられるか』といった特集**が組まれていた。

　私は当時すでに27歳に達していた。自分の年齢が不安だったので数秒間、パラパラとページをめくってみた。

　通常、本を読む場合には最初の1ページから読むのだが、その時に限って、何故か最後のページから目を通した。

　多分、売店のおばさんの冷たい視線を感じたために、緊張して、普段とは逆の行動をとってしまったのかもしれない。

　パラパラとめくっていたら、最後のページのところに『高校教諭公募（英語・国語）』と書いてあった。条件のところを見ると**『教員免状は持っていなくても可』『35歳くらいの方で、社会経験豊富な方』**と書いてあった。

　『教員免状は持っていなくても差し支えない』といったような条件を目にした時、私の心は躍った。その雑誌を100円で買って、急いで売店の公衆電話から電話した。

「私は現在27歳で、年齢的には35歳に達していないのですが、駄目でしょうか？」

電話口に出たのは女性だった。

「先方の高等学校側の採用条件が、やはり社会的な経験のある、35歳ぐらいの人と限定しているので難しいですね。」

千載一遇のこのチャンスをどうしても逃したくはなかった。このまま、引き下がる訳にはいかなかった。

「私は大学時代、立教大学水泳部に所属していました。27歳だけれども、アルバイトを大体30種類以上やったので社会経験は35歳の人よりも豊富かだと思います。」

「非常に残念ですが、あなたの場合には資格がありません」

「今回の特集は、『年齢制限を越えられる』ですよね。『年齢制限を越えられる』と書いてあるじゃないですか！ 27歳でも35歳でもあまり変わらないと思います。」

「でも、それは逆です。35歳の人が27歳の年齢制限を越えられるかどうかの問題であって、あなたの言っていることは逆じゃありませんか」

数十分間、押し問答が続いた。

「あ、少々お待ちください。担当責任者と代わりますので…」

すると突然、少し乱暴な口調の男の声が聞こえた。

「君は、立教の水泳部とか言っていたけれども、あそこは弱いので有名じゃないか」

「どうして知っているんですか？」

その男は笑いながら答えた。

「私も立教の出身だから水泳部がいつも負けていることは良く知っているよ」

「学部はどこですか」

「私は、社会学部だよ、まあ、明日試験があるから一応、受けるだけ受けてみなさいよ」「試験って？何の試験ですか？」

「国語と数学のような簡単な試験があるんだよ。つまり適正検査のような試験だから、明日、受けにおいでよ」

「私は年齢が35歳に達していないので大丈夫でしょうか？」

「まあ、それはどうなるかわからんけれど、一応やってみるだけやってごらんよ。挑戦してみないと、何も始まらないよ。くれぐれも鉛筆と消しゴムを忘れるなよ。」

その男の声は、少し乱暴な中に優しさのある声だった。

この千載一遇(せんざいいちぐう)のチャンスにかけてみようと思った。

藁にもすがる気持ちだった。翌日、新橋に試験を受けに行った。

知能テストと適正検査があった。

私は、知能テストが苦手だった。中学時代に知能テストに関する苦い思い出があった。中学校一年生の時にクラブ活動を終えて薄暗い教室に入ったときに、クラスメートと二人で偶然、先生の閻魔帳(えんまちょう)が教壇に置き忘れているのを発見した。二人でこっそりとその閻魔帳の中身を見てしまったのだ。

その名簿の中に、赤い〇印が付けられた箇所があった。「85」と書かれていた。それは、私の名前のところだった。

最初、私はその数字が、テストの点数かと思った。一緒にいた友人が、意地悪そうに言った。

「これは、知能指数だよ。4歳までに決まってしまうんだよ。お前は、もう、いくら勉強してもダメということだ。諦めろ、可愛そうに・・・」その時の衝撃は大きく、私は生きる希望を全て、失ってしまった。その閻魔帳（えんま）の中には知能テストの結果が書かれていたのだった。

「おまえの知能指数がクラスでピリから3番目ということは、いくら努力してもおまえは勉強が出来ないのは当り前のことなんだ。いいか、脳ミソつていうのはいくら勉強してももう変わることはないんだよ。可哀想に・・・」

その残酷な言葉を耳にした時、私は人生で初めて、「死にたい」という衝動に駆られた。

そのような苦い想い出があったので、自分は知能テストを受けても、中学校時代と変わらず、駄目じゃなかろうかと思いながら知能テストを受けた。

だが、この時の知能テストの問題形式は小学校や中学校でやる、知能テストの形式とは全く違っていた。**高度な言語能力と数学的能力、抽象的推察能力などを測定する試験だった。**

なかなか高等学校の教員になるチャンスというものは転がっていないので、私は、この試験に全力を傾けた。

約一週間が経過した・・・。突然、リクルートセンターから電話があった。担当者からだった。

「一応、この間の適正検査と知能テストの結果だけどね。あなたは教員に向いていると考えられるという結果がでたので、推薦書を添えて高等学校の方に送っておきました。」

「結果は、良かったんですか、悪かったんですか？」

「悪かったら、電話しないよ」

「細かいことが聞きたかったら、おいでよ」

　担当者は笑いながら言った。私は急いで、新橋のリクルートセンターに出掛けて行った。

　すると、私のテストのデータがグラフのようなかたちで書かれていたのが目に入った。担当者は、笑いながら言った。

「結果は見せられないけど、すごいんだよ！君は知能指数からみると数百人に一人に相当するような頭脳を持っているんだね。こんなの見たことないよ。」

　最初は、冗談かと思ったが、ちらりとデータが見えたので、その点数の大きさに驚いた。

知能指数は4歳までに、99パーセント完成してしまうと言われる。だが、人間の知能指数がこれほどまでに変化するのだろうか。適正検査に関しても、私は教員に向いているとのことだった。教員の資質が非常に高いということがグラフの上では示されていた。

　このような訳で、私は年齢制限の壁を乗り越えて、面接に行

くことになった。

　江戸川学園取手高等学校は1978年に新設された高校だった。設立2年目の新しい教員を求めているとのことだった。

　私はネクタイをこれまでに一度も締めたことがなかったので、どうしていいかわからなかった。学校に向かう途中、ネクタイが外れてしまった。どうやって結んでいいかわからなかったので、駅前の西友ストアーに立ち寄って店員さんに助けてもらった。「いろいろ結び方があるんですよ、でも一番簡単なのを教えましょうか」その店員さんは親切だった。

　初めて高等学校の教員の面接を受けることになった。

　すれ違いに、かなり年配で、髪の毛の薄い男が校長室から出て来た。軽く会釈して、とぼとぼと帰って行った。

　「ああ、大変だな」と思った。

　私が、校長室をノックして部屋に入ると、校長と副校長が二人並んで座っていた。あっけなく簡単に、10分ほどで、面接は終わった。「結果は追って知らせます。合格したら、次は英語の試験があります。1階の会計課で交通費を受け取って下さい。」

　あまりにも短時間だったので、不合格だと思った。

　面接試験の結果が10日たってもなかった・・・。不安感に押し潰されながら、私は震える指でダイヤルを回した。

　「副校長におつなぎします。少々お待ちください。」

　私の心臓は高鳴り、声はかすれていた。

「先日の面接の結果をお聞きしたいのですが...、やっぱり、ダメだったのでしょうか？」

「君は自分が受かったか落ちたかも、わからないのか」

「やっぱり駄目でしたか・・・」

「君は合格しているよ。君を落すわけがないじゃないか。面接でわかっただろう？」

「では、次は英語の試験ですね。いつですか？」

「やる必要はないよ。だって君は、英語できるんだろう？採用決定だよ。おめでとう！」

「いやー、私は合格通知というものを頂かない限り、やはり自分が受かったということが、信じられないのです」

「それはなかなかいい心掛けだ！」

「すいませんけれども、採用通知を文書で私のところに送って頂けませんか」

副校長は笑いながら答えた。

「わかった。じゃ君のところに送るから待ってなさい」

私は全身が、軽くなるのを覚えた。**28歳にして初めて定職に付けることを先ずは両親に報告したいと思い、自転車に乗ったが、脚がからまって倒れてしまった。とにかく飛び上がる程、嬉しかった。下宿から公衆電話に飛んでいった。**そして公衆電話から「決まった！決まった！」と大きな声で叫んだ。

任かされたクラスは一年D組、55名だった。
まずは住居を探すことから始めた。戸頭公団住宅に入ることに

した。その公団住宅は利根川の近くにあった。利根川の土手に立ってみると遥か遠方に高等学校の校舎が見えた。利根川の土手はまだ春になっていなかったせいもあり一面、褐色の草で覆われていた。遥かに見える高等学校の建物が見えた。

「あそこで俺の人生が始まるんだ」私の胸は夢と希望で一杯だった。一日でも早く高等学校の教壇に立ちたいと思った。生徒達との出会いの日を指折り数えて待っていた。職員室も出来たばかりで新しく、先生方も新しい先生がほとんどだった。生徒達も新しい制服を着て登校してきた。

初めてクラス担任を任され出席を取った時の感動は永遠に忘れられない。

4月から本格的に授業が始まった。

私は毎日、自転車で高等学校まで通勤した。当時、私は若くて独身であったせいもあり、私のファンのような女子高生もいた。考えてみると非常に微笑ましい光景だった。ただ、どうしてもネクタイをしなければいけないといったような規則がある学校だったので、私は朝、正門を入るときには一応ネクタイをしていたが、夕方、正門を出るとすぐにネクタイを外して家に帰って行くような毎日だった。

江戸川学園取手高等学校は、今でこそ東大合格者を10名以上輩出する進学校だが、当時は創設2年目だったこともあり、授業が大変だった。

まず英語の授業をして驚いたのは、否定文・疑問文を教える

ことが大変だった。主語と動詞をひっくり返せば、全部、疑問文になると勘違いしている生徒もいた。否定文を作るときに not の入る位置が全くわからない生徒も珍しくなかった。アルファベットをAからZまで書かせたところ55人中、最後まで書けた生徒が10人に満たなかったことには、非常に大きなショックを受けた。私は、こつこつと生徒一人一人を指導して、なんとかアルファベットを書けるようにし、そして否定文と疑問文を教えることに力を注いだ。

「子供が一つの課題に自信を持てれば、好奇心が刺激されて、他のことにも興味を持てるようになる。」とアドラーはいっているが、正にその通りだと思った。

高校の教師になって数ヶ月経った時、以前はスラスラ読めた英字新聞が読めなくなり、わからない単語が次から次へと出てくるのに驚いた。以前は簡単に理解できた英語のニュースが突然わからなくなってしまうことがあった。

私は、わずか数か月間で、自分の英語力が急激な低下してしまったことに驚き、真剣に考え込んでしまった。

やはり高校の教員をやっていると、どうしても生徒指導や事務的な雑務に時間を取られてしまう。疲れてしまい、自分自身の勉強をする時間も、なかなかできないという事に原因があった。高校の英語の教員をやっていたら、以前よりも英語ができるようになるのではないだろうか、と思っていたのは大きな誤

算だった。

英語を教えている時間というものは全体の中で見ると３分の１の時間であって、残りの３分の２は生徒指導や雑用で追われるような毎日だった。特に退学者、停学者の家庭を訪問し夜中に帰宅するようなことが多かった。

振り返ってみれば、そのようなことも良い人生勉強であり、またいい思い出となったが、退学しようとしている生徒を何とか説得したり、停学中の学生を励まして、なんとか学校に来させようとしたり、毎日がまるで戦争のようだった。

そんな時、当時、筑波大学大学院に進んでいた友人が、東京から土浦にある筑波大学に通う途中、私の部屋に立ち寄って、いろいろと助言してくれた。

彼と私は、イギリスの評論家の本や、アメリカの小説家の本を一緒に読んでは訳すようなことをしていた。考えてみると非常に不思議なことだった。

ある日、「どうしておまえは、俺に対してこんなに親切にしてくれるんだ」と彼に訊いてみた。彼は、少し照れながら、笑いながら答えた。

「だって、小池さんを黙って見てられないんだよ」

彼は週に二回ぐらい私の部屋に立ち寄って、私と英文購読の勉強をした。彼は筑波大学大学院修了後、大学専任講師になった。もしも彼の存在がなかったならば、私が広島大学大学院へ進学することもなかったろう。

彼は一橋大学法学部の卒業生だったが、私と知り合ってから、大学の英語教授になることを決意して、筑波大学大学院（英文学）に進学したと言っていた。今度は逆に、私が彼の影響を受けて、大学院進学の決意を固めたのだ。自分の人生をもう一度、考え直してみようと思った。

　英語の力が知らないうちに極端なまでに低下してしまった現実に直面して、私は大学院へ進む決意を徐々に固め始めて行った。**私は、人間の心に対する興味から心理学の方面に進みたいというような気持ちになった。**

　高等学校の教員をやっていて、一番大切なのは生徒の心を正確に掴（つか）み、そして彼の抱えている悩みとか苦しみというものを真に理解してあげることが、やはり最も大切であるということに気付いたからだ。

　例えば、性格の分類法として、「外交的」「内向的」という考えを打ち出したのがユングである。

　ユングは、フロイトとアドラーの考え方や治療法の違いから、この性格類型を思いついたのである。

　フロイトは、自分以外の対象（客体）を重視する。例えば、両親が患者に及ぼした影響を重視する。これに対してアドラーは、劣等感を持っている人自身（主体）の「抗議」や「処置」などを重視する。

　ユングは、この違いを、フロイトは外向的、アドラーは内向的という形で類型化したのである。

外向と内向は次のようにまとめることが出来る。

- **外向** ＝ 関心と注意が客観的な出来事に向けられる。社交的で、他人に影響されやすい。特徴は、「迎合的」「気さくな態度」「適応性がある」
- **内向** ＝ 関心が内に向かい主観的な判断に頼る。特徴は、「反省」「引っ込み思案」「人見知りする」

しかし、この言葉のように、**人間には多様性があり、一人の人間でも、ある時は内向的になり、ある時には外向的になることもあるのである。ユングは、外向、内向それぞれについて、思考型、感覚型、感情型、直感型という分類もしている。**

　私は、高校教師の経験をとおして、心理学に強い関心を抱き始めていた。

　更に深く心理学を研究したいと思い、大学院への進学を決心した。

1980年3月に江戸川学園取手高校を退職した。1980年4月に広島大学と岡山大学に学校教育研究科の大学院が新設されることになった。設立の認可が遅れて、大学院の入試は、5月に行われた。合格すれば入学は遡って、1980年4月になる。私は、広島大学大学院受験に賭けることにした。

教育学の専門科目の勉強はしていなかったが、以前、一橋大学大学院社会学研究科の入試を受験し、一次試験の筆記試験（英

語、ドイツ語、論文）に合格し、二次面接で不合格となったので、英語で点を稼げば今回受験する広島大学大学院入試に合格できると思っていた。

　広島には一度も行ったことがなかった。取り敢えず広島の地図を買い、新幹線に乗って広島に向かった。

新たな目標を設定し、次の目標に向かって、一歩一歩前進することが大切なのだ。必ず、道は開けてくるものだと思った。

知能指数は、子供の困難に光を当て、それを克服する方法を見つけるためにだけ用いられるべきである。（アドラー）

The Intelligence Quotient should only be used to throw light on a child's difficulties, so that we can find a way to overcome them.

クラスの最下位にいた子供が、劇的に変わり、驚異的進歩を始めることは、珍しくない。（アドラー）

It is not uncommon for children who have been at the bottom of their class to change dramatically and begin to make surprising progress.

教育においてなされる全ての誤りの中で、遺伝が成長に限界を与えるという考えは最悪である。(アドラー)

Of all the mistakes made in education, the belief in hereditary limits to development is the worst.

人の勇気と協力する能力の程度は、異性に近づく時に明らかになる。求愛における特徴的な行動傾向、ライフスタイルがある。(アドラー)

The degree of courage and the degree of individuals' ability to cooperate is revealed in their approach to the other sex.

結婚を人生の目的、最終の目標とみなすことは、我々の文化においては、あまりにも顕著である。(アドラー)

The point of view of marriage as an end, as a final goal is far too prominent in our culture.

愛は能動的な活動であり、受動的な感情ではない。その中に落ちるものではなく、「自ら踏み込む」ものである。(フロム)

Love is an activity, not a passive affect; it is a "standing in", not a "falling for".

column　　アドラー心理学の基礎知識（3）

　アドラー心理学を理解する上で、重要と思われるキーワードを説明する。

⑤ 自己決定性
　自分の人生の歩み方は、自分自身の意思で、決定したものである。自分次第で人生は、変えることが出来る。過去の人生に何があったとしても、今後の人生をどう生きるかについては何の影響もない。今後の生き方・行動を決めるのは、現在の自分であり、自分自身の自由な選択である。

⑥ 共同体感覚
　共同体感覚は、お互いに信頼関係を持ち、人と人とが結びついている状態である。「自分は誰かの役に立っている」という貢献感を得ることによって、自信がうまれ、幸せになれるという。アドラー心理学では、この貢献感を得て、自信に満たされた状態を「勇気づけ」という。

⑦「勇気づけ」
　アドラー心理学では、困難を克服する活力で、自信に満たされた状態になることを「勇気づけ」とよび、自分と他人を励ますことが、幸せな人生を歩むためには必要であると考える。体罰や叱るといった行為は、いかなる場合でも、勇気を挫くものであるとしている。「ありがとう。助かったよ。」という感謝の言葉によって人は「勇気づけられる」という。

⑧ レジリエンス（resilience）
　レジリエンスとは、「逆境を跳ね返す力」「逆境や強いストレスにあっても、折れずに、復元できる力」を意味する。逆境やストレスを逆手にとって、飛躍するチャンスとして受け止め、プラスの経験として、成長の糧としてしまうような、前向きな生き方、考え方をする習慣をつけることが大切だ。この姿勢を支えるのが、レジリエンスである。

第8章

人間の運命（3）
もし、あの日、新幹線のあの座席に座らなかったら

広島行きの新幹線に飛び乗ったが、座席はどこも満員で座るところがなかった。**その新幹線の中でまた運命のいたずらと言うか、天使の微笑みと言うか、運命的な出会いがあった。**私は、偶然、自由席の中で一つ空いている席を見つけた。隣には若い学生風の女性が座っていた。

「すいませんが、ここ、空いていますか？」

「ええ、空いています。どうぞ。」

　その学生風の女性は快く、隣に置いていた旅行鞄を網棚に挙げて、席を空けてくれた。彼女は、何も話さずに、ただ窓越しに見える富士山を熱心に眺めているようだった。あまりにもその女性が富士山を熱心に見ているので、横顔が微笑ましく思えた。富士山を過ぎてから、その女性は教員採用試験の問題集を鞄から取り出して、熱心に勉強を始めた。私が懐かしそうにその問題集を横目で見ていると、彼女と視線が合った。

「教員採用試験、受けるんですか？」

「ええ、受けます」彼女は、はっきりと答えた。

「私は高校教師を今年３月に辞めて、これから大学院の試験を受けに行くんですよ」

「もったいない！で、どちらまで行かれるのですか？」

「広島です。あなたはどこまでですか？」「私も広島です」彼女は明るく笑った。「もしかして、広島大学の大学院を受けに行かれるんですか？」

「ええ、そうです。でも広島というところは一度もこれまで

に行ったことが無いし、そして受けるところは心理学ですけれど、どのような先生がいるのかも全然知らないんです。まあ英語で少し点数を稼いで、何とか合格できればと思って受けに行くところです。運を天に任せているような感じですよ」

「私、実は、広島大学の学生です！」

二人は大声を出して笑った。更に、私が受けようとしている広島大学学校教育研究科（現在、教育学研究科）で、彼女が学校教育学部であったことには驚いた。彼女は、広島大学学校教育学部４年生の橋本直美さんだった。東京外語大に入学した妹に会いに東京に来ていたのだ。このような偶然が思わぬ幸運につながるとは、その時は、夢にも思わなかった。

静岡を過ぎた頃から**広島に着くまでの４、５時間を大学院の入学試験の傾向と対策を二人で考えながら過ごした。**

「次のような問題が出たらどう答えるか」などというようなことを話しながら広島に向かって行った。

彼女は極めて頭脳明晰で分析力があった。

「この先生はこのような研究をしているから問題は多分、この辺が出るだろう」等というような試験の山を幾つか私に教えてくれた。私は、どの先生が何を研究しているかも全くわからずに、丸腰で敵陣に乗り込んで行くところだった。

しかし**偶然、隣に座った広島大学の学生に助けられ、広島市へと向かって行った。**

新幹線の中では４時間前後だったが、かなりの勉強になった。

更に感激したのは、広島の街に着いてからも、彼女が広島市内を案内してくれたことだった。夜中の12時ぐらいまで私に付き合ってくれて、彼女はタクシーで自分の下宿に帰って行った。

　私は人の心の優しさというものをひしひしと感じた。初対面なのに、これほどまでに自分に親切にしてくれる人に出会ったことに感動し、心から感謝した。夢の様な出来事だった。このような親切な学生と出逢ったことが、これからの私の運命を大きく変えることになるとは、この時は夢にも思わなかった。その日は駅前のホテル―ニューヒロデンに泊まった。

　窓を開けると河合塾が真正面に見えた。

「河合塾は広島にまで進出しているのか」

　この時には河合塾との出会いが二年後、私自身の人生を大きく変えてしまうというようなことなど、全く想像できなかった。

　しかし何故かホテルの窓から河合塾の校舎が見えた時に、不思議な、言葉では言い表せないような、何か運命的なものを私は直観的に感じた。

　試験の当日になった。午前中は専門科目の試験だった。すると何と！橋本さんと新幹線の中で山を懸けてきた問題がずらりと並んでいた。私の胸は躍った。

　彼女のお蔭で、なんとか心配していた専門科目は、合格ラインを突破できると思った。

答案用紙が配られ、私は、必死に答案用紙を埋めていった。

専門試験が終わった段階で昼食となった。

学生食堂に行くと橋本さんが待っていた。

「どうだった？」彼女は心配そうに私に尋ねた。

「バッチリ！バッチリ！最低でも80％はできた。山が全部当たったよ！」

「ワー、受かればいいですね」

「午後の試験も頑張ってね」

「午後は英語だから、多分大丈夫だろう。」私は自信満々だった。**だが、予想に反して、英文和訳の試験に出てくる英単語が、心理学のテクニカル・タームが多かった。未知の単語が多かったが、語源から意味を類推したり、全体の文脈から意味を捉えながら、英文を翻訳した。**

「しまった、こんな筈じゃなかった」

心理学の英文原書を全訳する問題を終えた時、更にTOEFLの4択形式の問題が50問ほど残っていた。残された時間が10分しかない！しまった！

1分で5問を解くペースで解答しないと間に合わない。悪夢だった。かろうじて間に合ったが、見直す時間がなかった。

自分が一番心配していた専門試験では一応できたが、私は得意の英語では散々な目にあってしまった。

その日、試験を終えて、くたくたになってホテルに泊った。次の日が面接だ。だが、英語の時間配分の失敗が心配で、その

晩は一睡もできなかった。

　自分が一番得意とする英語でつまずいてしまった。

　「小池君は高校の英語の教員をやっていたのに、どうしてこんなに英語ができないのですか？」などと聞かれたらどう答えていいのだろうか、と考えると眠れなかった。生徒指導が忙しいとか、事務的な仕事が多かったとか何とか口実を作って逃げ出そうと、私は言い訳を考えていた。緊張のあまり眠れず、とうとう朝になってしまった。

　面接会場へタクシーで向かった。その時のタクシーの運転手が非常に面白い人で広島大学に行くまでの道程で、広島の歴史や、広島の産業など細々といろいろ説明しながら運転してくれたのには驚いた。

　いよいよ面接だ。

　一人一人、部屋に通され、六人の教授と面接した。

　まずは何故、大学院に進みたい気持ちになったのかとか、ちょっとした世間話から面接に入っていった。

　私は、自分の英語の試験結果が心配だった。英語テストの点数に関する質問が出ないまま、面接時間はすでに終盤に達していた。「これで何とか逃げおおせるなあ」と少し安心していた。

　すると、突然ある先生から、突飛もない質問が飛び出した。

　「小池さんは、高校で英語教諭をしてらっしゃいましたね。自己分析してみて、今回の試験で、御自分が、英語で何点取れたと思いますか？」

悪夢だった。最悪の質問だった。

この質問に対して、私は全身の血が引く思いだった。

「そうですね、5、60点取れればいいと思います。あれは非常に難しかったです。なかなか最後まで終わらなかったです。」

それを聴いて、面接官全員が深くため息をついた。

ちらりと正面の先生の手元に目をやると、私の英語の答案用紙の点数が85点と付いているのが見えた。私は一瞬ドキっとした。主任面接官の米田教授が笑いながら言った。

「あっ、見えてしまったかな。」

「今、85点の文字が見えたのですが、英語は何点満点で採点なさったのですか？」

「100点満点だよ」米田先生は笑いながら答えた。

他の先生方も笑いながら全員うなずかれた。私は内心、これは採点が間違ったのではないかと思った。でも、先生方は冗談を言っているような感じではなかった。「やった!!」という気持が心の底から湧いてきた。

困難な状況を克服する際に、並外れた有用な能力を発達させる子供たちをしばしば目にすることがある。(アドラー)

We often see children who overcome their difficulties and who, in overcoming them, develop unusual faculties for usefulness.

孤立しているということは、他の一切の事から切り離され、自分の人間としての能力を発揮できないことである。(フロム)

Being separate means being cut off, without any capacity to use my human power.

自分自身に対する関心を超越して、相手の立場に立ってその人を見ることができたときにはじめて、その人を知ることが出来る。(フロム)

It is possible only when I can transcend the concern for myself and see the other person in his own terms.

現実の姿を見るためには、相手と自分自身を客観的に知る必要がある(フロム)

I have to know the other person and myself objectively in order to be able to see his reality.

> この世に愛がなければ、人類は一日たりとも生き延びることは出来ない。（フロム）
>
> Without love, humanity could not exist for a day.

> 誰かを愛するというのは単なる激しい感情ではない。それは決意であり、決断であり、約束である。（フロム）
>
> To love somebody is not just a strong feeling. It is a decision, it is a judgement, it is a promise.

> 思春期にさしかかると、子供は自己中心主義を克服する。（フロム）
>
> The child, who may be now an adolescent, has overcome his egocentricity.

> 愛の本質は、何かのために「働く」こと、「何かを育てる」ことにある。（フロム）
>
> The essence of love is to "labor" for something and "to make something grow".

> **column** アドラー心理学の基礎知識（4）

　アドラー心理学を理解する上で、重要と思われるキーワードを説明する。

⑨「ライフスタイル」
　「ライフスタイル」とは、一般的に、「生活様式」という意味であるが、アドラー心理学では、人間の生き方、考え方（思考）、感じ方(感情)、世界観、価値判断の基準を意味する。これは固定したものではなく、自分の努力で、変えることができるのである。

⑩「劣等感」
　アドラーが重視したのは、「劣等感とは、一般的に考えられているように、他者との比較で自分自身が劣っていると感じるだけではなく、現実の自分と理想とする自分とのギャップに対して抱いているマイナスの感情も劣等感と考えた。つまり、劣等感を自らの理想・目標に向かって、生き抜くための刺激として捉え、プラスのエネルギーになると考えたのである。

⑪「**劣等コンプレクス**」
　アドラー心理学では、劣等感を現実逃避のための「言い訳」に使うことを「劣等コンプレクス」と呼んでいる。例えば、トラウマ（心的外傷）や神経症などを理由にして、「だから私にはできない。無理なのだ。」と主張するのが「劣等コンプレクス」なのである。

⑫「**優越コンプレクス**」
　「優越コンプレクス」のある人は、自分を実際よりも優れているようにみせようとする特徴がある。学歴や肩書を誇示したり、高級ブランド品で身を包んだりする。彼らには、他者よりも自分の方が優れて見えることが重要なので、絶えず他者の評価を気にかけているが、実際には自分が思っているほど他者は期待していないのである。

第9章

人間の運命（4）

もし、あの日、アパートに泥棒が入らなかったら

広島での生活にもやっと慣れ始めて、2ヶ月ぐらい経ったある日のことだった。**私は空き巣に入られて、全財産を盗まれてしまった、**全財産と言っても3万円だったが、私にとっては、大学院で勉強しようと思って、貯えておいた貴重なお金だった。気持ちが動転してしまい、どうしていいのか分からなかった。

　これまでに一度も泥棒に入られた経験がなかった。自分のお金を見知らぬ人に奪われた経験もなかった。私は、悔しい思いで一杯だった。

　これからどうして生活していったらいいのか、途方に暮れてしまい、目の前が真っ暗になった。

　土壇場の切羽埋まった状態だった。ポケットを探ってみると、10円玉が3枚、指に触れた。「30円ばかりでは、何もできない」と思った。

　1000キロ以上も離れている栃木の実家に電話して「お金を送ってちょうだい」など言う勇気もなかった。30円ではとても栃木県に電話して話す時間もなかった。

**　極限状態に陥ったとき、人間というものは不思議なもので、思わぬことが思い浮かぶものだ。**

　1980年6月。私はどうして、あんなことを思いついたのか、覚えていない。今考えてみると途方もないことだった。

　「予備校に電話してみよう」何故か私は、とっさに思いついた。今は6月だ。予備校に電話をしてみても、授業は始まっている。教員の採用などはあり得ないとはわかっていが、私は、何故か

104番(電話番号案内ダイヤル)に手が伸びて、広島YMCA予備校に電話してしまった。私はこれまで全く予備校とは縁がなかった。高校生の時にも一度も予備校の門をくぐったことがなかった。大学も現役合格したので、予備校というところは、未知の世界だった。ただ、予備校の講師をやるとお金が沢山貰えるといったようなイメージは持っていた。何となく、無意識のうちに「予備校でアルバイトをしてみたいな」と、これまでに考えたことがあったことは確かだった。

　だが、自分のような人間が教壇に立てるわけがないといつも思っていた。だから、大学受験予備校に電話するようなことは、想像を絶することだった。正に、ダメモトだった。

　人生は、意外とダメモトが運命を切り開くことがある。もしも、断られたら自分が惨めな思いがするのではなかろうかと思って、いつも躊躇していた。だが、その時の私は、「お金を無くしてしまってどうにもならない。しかも30円しか持ってないのだから、何となく一か八か電話してみようか」といったような気持ちで、電話したのだった。

　或いは断られることは分かっていたが、「誰かにこの惨めな気持ちを分かってもらいたい」といったような精神的な圧迫からくる一種の自己防衛本能のようなものであったのかもしれない。誰かに、今の自分の悩みを聞いてもらいたかったのかもしれない。何故か広島YMCAに電話することになってしまった。YMCAはキリスト教に関係する団体だから、今の自分の状態

を分かってくれるのではないだろうか、という気持ちで電話を掛けた。年配の方が電話に出た。

「あのう、すみませんが、私、広島大学の大学院の学生なんですけれども、英語の講師を希望しているのですが、欠員がないですか？多分今からでは遅いと思うのですけれど」その電話に出た男の人が紳士的な低い丁寧な口調で答えた。

「もう６月に入ってしまっていて、授業がすでに始まっておりますので、これからではもう遅いと思います。」

予想通りの言葉が返ってきた。

「ああ、やっぱり、遅かったんだ。こういう答が返ってくるのはもうわかりきっていた。俺もバカだなあ」と思って私は受話器を置こうとした。

「でも、どうしてもっと早くうちの予備校に電話してくれなかったのですか？」

その年配で紳士風の男性が丁重な口調で答えた。

「あの、私は、広島は初めてなのです。栃木の方から来たので広島の右も左も全く分からない状態だったので、今日こんな電話を予備校にさし上げた次第なのです。やっと、大学院に入ってこれから勉強しようと考えていた矢先、お金を泥棒に盗まれてしまいまして、これからどうしていいかわからないのです。」私は、腹の中の思いをぶちまけた。すると、その男の人は電話を切らないで、丁寧に私の話を聞いてくれた。

「もしよろしければ、うちの予備校に遊びに来ませんか。私

はこれから昼ごはんを食べに行こうとしているところですが、もしよろしければ、ランチでも御一緒にいかがですか？」私は腹ペコだった。「そうですか、じゃ、お伺いしましょう。何しろ 30 円しか持っていませんので、うれしいです。」

　私は、笑いながら受話器を置いた。

　YMCA が広島市の八丁堀にあるというようなことを聞いて、道を調べながらその予備校にたどり着いた。

　何となく蒸し暑かった。私は、G パンとシャツを着て、スニーカーを履いてその予備校を訪ねた。多分、適当に受付あたりで、立ち話をして、安いサービスランチを御馳走になることだと思っていた。だが、突然、私は応接間に通された。

　まずアイスコーヒーが出てきた。

　「ただでアイスコーヒーを飲めるなんて、これはいいことだ」と私はひそかに思った。間もなく、30 代の男性が何か書類のようなものを持って入って来た。きちんとネクタイをして、スーツを着て、テスト用紙のようなものを持って来た。

　私は、すこし緊張した。

　するとその男性は突然、模擬テストの試験問題と解答用紙を出した。「あのー、先生、突然ですいませんけれども、これやって頂けますか」と言って私に差し出した。

　「イヤー、これは話がずいぶん違いますね。私は今日、テストを受けるようなつもりで来たのではなくて、何となく遊びに来いというので、ふらりと来てみただけなんですよ」

「いえ、いいんですよ。こちらの方で鉛筆も消しゴムも一応そろえてありますので、さっと、簡単にやって下さい」

その男性は、丁寧で口調物静かな口調だったが、有無を言わせないような印象を与えた。

模擬テストの問題用紙を開いてみると、かなり難しそうな問題がずらりと並んでいた。私は、何故か不意を突かれたような気持ちになったが、売られたケンカは買わなきゃいけないと思った。これもひとつのチャンスだと思った。

「じゃ、ちょっとやってみましようか。このテストは、何点ぐらい取れば合格ですか」

「そうですね、うちの生徒の中で一番できる生徒は毎年、東大や広島大学医学部に合格するレベルですから、この模擬テストでは、80点ぐらい取るんですよ。だから先生は少なくともそれ以上は取って頂かねば困るんです」

「もし80点を取れなかったら、どうしようか」と思いながらも、一応、試験問題を解き始めた。

「何分ぐらいでやればいいんですか」

「ま、一時間ぐらいですね」と言って、男性は立ち去った。

私は、なんとか一時間以内でその問題を解こうと思って、必死にやり始めた。すると約15分が過ぎた頃、その男性と年配の方が入って来た。

年配の男性は、ニコニコしながら言った。

「どうですか、先生。問題、難しいですか」

「そうですね。なかなか難しいですね」私は笑いながら答えた。

「ちょっと見せてください」年配の男性が、私の英語の答案用紙を取り上げた。まだ完全に終えていない答案をざっと眺めて、深くうなずいた。

「先生、結構でございます。試験の方はお仕舞にしましょう」

「まだ15分しか経っていないのに突然どうしてこのようなことを言い出すんだ・・・」私は、あっけに取られてしまった。

「こりゃもう駄目かな」と内心思った。

するとその男性は丁重に、重々しい口調で言った。

「実は、先程、先生の電話を取ったのは私なんです。これは私の直感なのですが、非常にもったいぶった言い方をして、大変申し訳ないんですけれども、私は自分がこれまで数十年間、予備校の仕事をしてきて、あなたのような方に会ったのは初めてなんですよ。

でも、電話でお話した時、あなたは予備校の教師として十分やっていけると、私は直感しました。今まで一度もこのようなことで人を採ろうと、思ったことはないんですよ。うちの予備校は、まず、履歴書を出していただいて、そこで選考し、そしてさらに筆記試験をして、厳重な審査のもとにこれまで教員を採用してきたので、うちの予備校の講師は全員、力のある人だけを採っているんです。

だから先生、今回こういうことで人を採るということは、前代未聞なのです。あなたが、どれくらいテストができるかとか、

そういったことは全く分からないんですけども、**ある種の直感と言うか、あなたの電話を受けた時に、この方は、絶対に予備校の講師として大成する方だと私は直感したんです。**

私は自分の直感を信じてます。だから私は先生にぜひ、本校の教壇に立って欲しいと思っているんですよ。このことは繰り返して申しますけれども、これまでに絶対になかったんですよ。このようなことで人を採るなんてことは、今回が初めてなんです。だから先生、他の人には絶対に言わないで下さい。」

年配の男性は非常に丁寧で、自信と確信をもった口調で言われた。私は驚いて、戸惑いながら、尋ねた。

「でも、電話で話した時には、もう授業は始まってしまっているのだから、来年の話になります、というようなことを言われましたが、もう授業は全部、他の先生で埋め尽くされているんでしょう。だから私は結局、来年、予備校の教壇に立つというようなことなのですか？」

福井氏はにっこり笑われて言った。

「**あなたのために授業を作ります。私が、これから貴方のための新しい授業を作って、あなたを授業の中に割り込ませます。**

まずは夏期講習から始めて頂きたいと思います。夏期講習は高校二年生ですけれども約一週間、先生の力を見せてください。

夏期講習で良い成果がでたら９月からまず、教壇に立っていただくということで、よろしいでしょうか。

先生の担当科目は一応、英語演習というような科目にしまし

て、私が授業の中に入れ込んでいきますので、まずは、週に6コマほどでよろしいでしょうか？」

私は驚いた。「自分は、一度も予備校で教えたことがないのに、この人は自分の直感だと言って自分を即時採用してしまった。こんなことがあっていいのだろうか」と思った。

だが、彼の言葉を耳にして、私は何故か非常に希望に満ちた気持ちになり、これまでの不安が全くなくなった。

8月の夏期講習からその予備校で教壇に立つことになった。高校2年生約50人がひとつのクラスに入っていた。私は初めての経験ながら、全力投球して教えることに専念した。

夏期講習が終わった後、YMCAの方から電話があった。

「アンケート調査をしたのですが、先生の人気は抜群でした。やはり、福井主事が言われたように、先生には先天的に予備校の先生としての資質がおありなのですね」

私は、9月から本格的に予備校の教壇に立つことになった。

まずは、大きな字で黒板に書いて、そして話をするときにはゆっくりと大きな声ではっきりと話をする、といったようなことを心掛けて授業をした。すると、生徒が非常に熱心に授業を聞いてくれるようになった。最初は緊張して眠れない夜もあった。だが、徐々に慣れてくると、予備校で教えるのがとても楽しくなった。朝早く起きて冷たい風に身をさらしながら自転車で予備校に向かった。広島YMCAが自分のこれからの人生に

とって、素晴らしい仲間とチャンスを与えてくれるとは、その時は夢にも思っていなかった。

ある日、広島YMCA予備校とはライバル校にあたる英数学館予備校から誘いの電話があった。私は最初、断ったが、どうしても一度会いたいということなので、英数学館予備校に出向いて行った。

「実は、本校の看板講師が河合塾に引き抜かれてしまいまして、東大受験科（高校三年生）の夜間部で英語を担当できる先生を探しているんです。」と担当者は説明してくれた。

そのクラスは、広島県下の優秀な生徒だけを集めて夜、6時半から8時半ぐらいまで勉強させるコースだった。極めて優秀な生徒が多く、授業中も厳しい質問がどんどん飛び出してくるとのことだった。私はその話を聞いて、心を動かされた。

私の研究テーマは「英語学習における動機づけの研究」だった。英語の実力を伸ばすためには、こんなにいいチャンスはないと思った。優秀な高校3年生を教えることによって、自分の英語力も伸ばせると確信した。

「人間は教えているうちに学ぶ。お金を払って英語を学ぶよりも、お金をもらって英語を教えた方が身に着くのではないか。」と考えた。私は夜間部の英数学館予備校で優秀な高校3年生に英語を教える決心をした。

午前中、広島YMCA予備校で浪人生に英語を教え、午後からは大学院の授業に出席し、夜は英数学館予備校で優秀な高校

3年生に英語を教えることになった。予備校の授業の準備をするのも楽しかった、授業をするのは更に楽しかった。

　三年後、この英数学館での経験が、私の人生に多大な影響を与えるとは、この時想像もできなかった。

　自分がお金を貰って相手に英語を教える場合は、学生に対する責任があるので、丹念に授業の準備をしていった。そうすることによって自分の英語の力がみるみる伸びてゆくのを感じていた。お金を貰いながら、自分の勉強にもなる。大学院の授業よりも、予備校で英語を教える方が遥かに勉強になった。

　予備校に行くのが楽しい。英語を教えるのも楽しい。お金が入ってきて、しかも英語の力がついてくる。こんなに素晴らしいことが、この世にあるのだろうかと私は思った。

　それから一ヶ月ぐらい経ったある日、河合塾広島校の担当者から誘いがかかった。

　「先生は、YMCAのエースだという噂を聞きましたが、河合塾には小池先生クラスの講師がズラリとそろっている。週に1日、うちに来て、勝負してみませんか。」

　河合塾ではテスト・ゼミのようなものをやっていた。

　つまりテストを配って生徒にやらせ、その場で、そのテストを解説するという方法だった。だから、90分間の授業といっても最初の30分は生徒にテストをやらせておき、そして残りの60分ぐらいでそのテストの内容というものを解説してあげればよいので、とても楽しい授業だった。

私は、予備校講師としての実力を試すつもりで、週に一度、河合塾で英語を教えに行くことになった。

　英語の力を伸ばすのに一番良い方法は自分が教師になってしまうことであるということを実感した。

　この河合塾講師としての経験が、私の人生に大きな影響を与えることとは、夢にも思わなかった。

　私は、学生達から、特に尊敬されようなんて、一度も期待したこともない。なぜならば、他者の尊敬、信愛などの感情は、こちら側の思い通りにはならないからだ。これは、著者と読者、教師と学生の人間関係だけではない。上司と部下との関係、友人関係、男女関係、家族関係など、全ての人間関係において共通するものである。**誰からも好かれよう、尊敬されようと思いながら生きていると、とても疲れてしまうだろう。自分の人生を生きる上で、他者の評価を気にしていたら、息苦しいだけだ。**私は、20歳頃から、前向きに生きて来た。だから、嫌われることもあった。

　でも、自分は、どの様な状況に置かれても，誠意をもって、人と接してきたことが、本当に良かったと思えることがある。私が最も嫌いなことは、人の心を傷つけることだった。心を傷つけられることが多かったので、他人の心の痛みに対しても敏感になっていたのかもしれない。

　英語を教えている時も、本を書いている時も、情熱と誠意を注いできた。自分が他者に対して注いだ誠意が、他者の中に何

かを生み、それが自分に跳ね返ってくる瞬間を肌で感じることがある。そんな時、最高に幸せな気持ちになれるのだ。

> 与えることによって、必ず他人の中に何かが生まれ、その生まれたものが自分に跳ね返ってくる。（フロム）
>
> In giving he cannot help bringing something to life in the other person and this which is brought to life reflects back to him.

> 教育とは、子供がその可能性を実現して行くのを助けることである。教育の反対が洗脳である。（フロム）
>
> Education is identical with helping the child realize his potentialities. The opposite of education is manipulation.

> 教師は、たんなる知識の伝達者ではない。教師のつとめは、人間としてのあるべき姿を伝えることだ。（フロム）
>
> The teacher is not only a source of information, but his function is to convey certain human attitudes.

母親が子供を自分の一部と感じている限り、子供を溺愛（できあい）することは、自分のナルシズムを満足させることにすぎない（フロム）

In as much as the infant is still felt to be a part of herself, her love and infatuation may be a satisfaction of her narcissism.

自分の人生に意味を見いだせない人は、その代わりに自分の子供の人生に意味を見出そうとする。（フロム）

When a person feels that he has not been able to make sense of his own life, he tries to make sense of it in terms of the life of his children.

ある女性が花を好きだと言っても、彼女が花に水をやるのを忘れるのを見てしまったら、花に対する彼女の「愛」を信じることが出来ない（フロム）

If a woman told us that she loved flowers, and we saw that she forgot to water them, we would not believe in her "love" for flowers.

第10章

人間の運命 (5)
もし、あの日、あの下宿に電話しなかったら

空き巣の一件があってから気分がよくないので、アパートを引っ越すことにした。

だが、六月に入ってからアパートを大学の厚生課に行って探そうと思ってもなかなか見つからなかった。

三月とか四月の段階で、学生達が条件のよいアパートを見つけてしまう。六月の時点まで残っているアパートや下宿は、ほとんど誰もが振り向かないようなものばかりだった。

私は、大学の厚生課に行って、三軒ほどアパートのリストをメモした。まず一軒目は車庫の中にある四畳半ぐらいの汚い部屋だった。真っ暗なところに裸電球がひとつぽつりとついていた。家賃の方は、さして高くはなかったが、何となく気が進まなかった。だが、入り口が自由に出入りできるような条件だったので、一応そこに決めることにした。

そして、それ以外の二つの下宿に関するメモをもう一度、見てみたが、条件が悪くて、どうしようもないようなところだった。

とりあえず、電話をしてみようと思い、メモを見た。メモには次のように書いてあった。

「築五十年、東西南北は全て窓、入り口は大家の黒瀬さんと一緒（門限あり）。家賃の方は相談のうえで」

学生下宿としては最悪の条件だった。まず、築五十年などというような建物というのは、どうにもないボロの家である。日当たり良好といっても、かび臭いような感じのおんぼろ小屋で

はなかろうかと思った。だが、先程決めた下宿もあまりにも汚いところだったので、公衆電話から電話した。

黒瀬さんが電話に出た。私は2、3分話してから電話を切ろうと思っていたが、何故か**黒瀬さんは、驚くほど頭脳明晰で、私の話を丁寧に聞いてくれた。上品な口調で、話し上手な年配の女性との会話に時が過ぎるのも忘れて、**受話器にかぶりついてしまっていた。気がついてみると、**一時間以上、公衆電話で話をしてしまった。**

何故か黒瀬さんともっと話をしたいと思ったが、10円玉がなくなってしまった。最後の一個の10円玉の時にブザーがなった。「あのー、もしよろしければ、もうちょっとお話したいんですけども、お会いしていただけませんか？もう下宿は他のとこに一応決めちゃったんですけども、なぜかこのまま話を終えるのも惜しいし、もっと話の続きをしたいと思っているんですが、なにしろ10円玉がないんで」

黒瀬さんは笑いながら言った。

「私の家は大学病院の近くにあるんです。だから大学病院行きのバスに乗って終点で降りていただければいいんですよ」

「じゃ大学病院行きのバスはどこから乗ったらいいんですか？」

その瞬間、まさに目の前に大学病院行きのバスが走ってきた。

「あ、大学病院行きのバスが来ます。今から大学病院行きのバスに乗りますので、電話を切りますよ、失礼します」

私は急いで電話を切り、そのバスに飛び乗った。

　もうかなり夜遅くなっていた。最終バスで、誰も人が乗っておらず、バスの中も暗かったので、私は何となく無気味な気持ちになった。大学病院前が終点だった。私はバスを降りて、大学病院前の公衆電話から、黒瀬さんのところに電話をしたが、誰も出る気配がなかった。

　不思議だなあと思っていると、誰かがトントンと公衆電話のドアを叩く音がした。私は驚いて振り向いた。数日前、公衆電話で長電話をしている人が殺された事件があったばかりだった。私は公衆電話ボックスを叩かれた時、心臓が口から飛び出るくらい驚いた。振り向いてみると六十才ぐらいの女性が立っていた。

「あの、お急ぎですか？お急ぎならばなら、どうぞ、先に電話を使ってください」

「いやいや、違うんですよ、さっき貴方は、私のところに電話してきませんでしたか？」その言葉を聞いて私は驚いた。

「何故、私が電話したということがわかるんですか？」

　その女性は笑いながら答えた。

「大学病院の終点で降りたら、大体この辺から電話するのではないかと思って、私はここへ来て待っていたんですよ。

　この辺は比治山のお影で原爆が落ちても、被害が少なかった所なんですよ。だから昔からの古い家が残っているんです。」と言った。「不思議なことがあるものだ」と思いながら、私は

黒瀬さんの後ろをついて行った。なだらかな細い坂を登って行くと、人気のない、暗い路地に入って行った。何故か奇妙な昔話のような感じがした。お化けでもでるのではなかろうかと思えるような不気味な雰囲気を感じながら、私は、黒瀬さんの後をついて山道を登っていった。

　すると黒瀬さんが突然、「ここです」と言って立ち止まった。

　黒瀬さんが指差したその家は、なんとまあ、驚くなかれ、**立派な洋館だった。やはり築50年以上の歴史のあるような立派な建物であって、庭には古い立派な植木があり、その家も大理石で造られた、立派なしっかりとした建物だった。窓には、ステンドガラスが入っていた。**

　大理石で造られたバルコニーもついていて、映画やテレビのサスペンス・ドラマなどに出てくるような建物だった。

　家の中の電気がたまたま壊れていて、家の中が真っ暗だった。黒瀬さんは懐中電灯をつけて家の中に入って行った。

　ミシミシという音がして、少し気味悪かった。何故か怪人二十面相や明智探偵などに出てくるような雰囲気だった。

　らせん状の階段を登ろうとしたら、大きな黒猫が闇の中に、横たわっていた。私はあまり心臓が強くないほうなので、その黒猫を見てびっくり仰天してしまった。

　猫の目玉が暗闇の中で、ふたつだけ光っていた。その猫は何故か人間のような素振りをしていた。しげしげと私の顔を眺めて、何度も振り返りしながら、黒瀬さんの後について歩いていっ

た。黒瀬さんが猫に話し掛けた。

「クロちゃん、ちゃんと挨拶しなさい。お客さんですからね。お行儀よくしなければいけないですよ」

すると猫がニャーオと返事をした。まるで、人間の子供のようだった。動きがまるで人間のような猫だったので、気味が悪いというか、何というか、とても言葉では表現できない雰囲気だった。黒瀬さんはその階段をゆっくりと懐中電灯をつけながら登って行った。とても薄暗くて天井が高くて、部屋も広いので、あまりにも自分の想像とかけ離れていたので、私はあっけにとられてしまった。

「こんな大きなお屋敷に、ひとりで住んでいるんですか？」

「ええ、うちの娘が東京に行っていますし、主人はいないし、息子のほうも大阪の方にいますので、私がひとりで住んでいるのですよ」

黒瀬さんは、私を二階の天井の高いステンドガラスの入った立派な部屋や古風な造りの和室におばさんは案内してくれた。

「たぶんこのような立派なお屋敷だから自分の住む部屋などは多分、離れの小さな小屋なのではなかろうか」と私は思っていた。

黒瀬さんはバルコニーも付いていて、しかも、ステンドガラスが入っている飾り窓がついていて、開き窓のようなしゃれた窓のある、天井が非常に高い洋間に私を案内してくれた。

「この部屋を自由に使ってください。2階には、この部屋以

外にも畳の日本間が２つほどあるのですが、その部屋も自由に友達が来た時に使っていいですよ。」

「ええ、ほんとにいいんですか？」

「友達を泊めてあげてもいいですよ。30人位泊まれるでしょうね」

　窓を開けると大きな松の木が何本か立っており、シュロの木など生えていて、何故かタイムスリップをして昔の時代に逆戻りしたような気持ちだった。

　私を大理石で作られたバルコニーの上に案内してくれた。

「もし、洗濯物があったらここに干しゃいいですよ」

　バルコニーに立ってみて驚いたのは、中央に花壇があることだった。花壇付きのバルコニーなんて...私は驚いて声も出なかった。暫くのあいだ、黒瀬さんと立ち話をしていたのだが、一番気になっていたのは、家賃のことだった。家賃は相談のうえでと書いてあったので、たぶん家賃が非常に高いのではないだろうかと思い、恐る恐る尋ねてみた。すると黒瀬さんは言った。

「貴方は本が好きですか？」

「ええ、本を読むのが一番好きなんです」

「じゃあ、家賃はいいですよ、電気代だけはちゃんと払ってくださいよ。電気代は私と半分こということでいい？その代り、泥棒が入ったら、助けて下さいね。」

**　私は早速、その家に引っ越してくることになった。**

その日は残念ながら大雨の日だった。本が全部雨に濡れてしまい、大変な引っ越しだった。何とか引っ越しも無事に終えて、私はその豪邸で、広島での生活を再出発することになった。

黒瀬さんの家の隣の家は、オリンピックで日本人初の金メダリスト、織田幹夫氏の生家だった。私の運命は、この豪邸に来てから驚くほど、全てが良い方向へと展開していった。人生とは不思議なものだ。人との出会いというものが、その人の歩んでいる人生を大きく変えてしまうことがあるのだ。

新しい下宿に移ってきてから、予備校三つを掛け持ちながら大学院の授業に出るというが始まった。忙しあったが、充実した日々だった。予備校で英語を教えることは、ただ単にお金を貰うというだけではなく、受験生に英語を教えるということ自体が、私にとっては最高の勉強になった。完璧に準備をして、完璧な授業をすることが予備校講師には求められる。

受験生からの質問に対しては、どの様な疑問点に対しても、完璧な、分かり易い説明をしなければならない。英語の発音、アクセント、イントネーションも完璧でなければいけない。

私にとって、予備校のテキストの予習ほど英語の勉強になることはなかった。その結果、英語力も急速に伸びて行った。授業の進め方や英語教授法も実践的に身に付けて行った。

また心理学で自分が研究している「英語学習における動機づけの研究」、つまり、いかにして学生にやる気を起こさせるかといった研究に関しても、予備校は極めて、重要な課題を提供

してくれた。予備校の生徒は、授業に対して極めて厳しい評価をする。だから、つまらない授業をすると、生徒はその授業に出て来なくなってしまう。授業に関するアンケートの結果が悪ければ、講師は即刻クビになる。これは予備校の持つ非常に厳しい面である。

しかし、1年間あるいは2年間といったような浪人生活に自分の人生を賭けている生徒から見れば講師の教え方がまずいなどということは絶対に許されないことなのだ。

予備校は世間からは極めて厳しいところ、或いは冷たいところという印象があるが、駄目な授業をする講師は予備校にいてはいけないのである。受験生は、授業に出るために、高いお金を払って、遠いところから遥々やって来る。だから、つまらない授業をするような教師は生徒から見ればどうしても我慢のならない存在になってしまうのだ。高校や大学であれば、何故おまえは俺の授業を聞けないんだとか、どうしてこんなのがわからないんだ、と言って、教師が生徒に対して、一方的に暴言を吐き、威張っていることがある。これは明らかに間違っている。生徒はあくまでもお金を払ってくるお客様であるので、やはり生徒に解りやすいように教えてあげなくてはいけない。

二度と戻ってこない貴重な時間なので、講師はどのようにしたら生徒が自分の言っていることを理解してくれるか、或いはどうしたら精神的に悩んでいる生徒を救ってあげられるか、そういった精神衛生上の問題を始め、学習意欲の問題や、或いは

短時間でどうすれば、効果的な授業を行うことができるか、といったようなことを真剣に考えなければいけない。

　夏休みになると、いつの間にか家庭教師を何軒か頼まれるようになった。それは非常に不思議なことに、すべて女子高校生ばかりだった。三人とも高校三年生だった。最初は一軒一軒回っていたが、時間がなかったので、私は三人を一緒に教えることにした。自分の部屋に招いて、ひとつの机を四人で囲んで座って、英語の勉強をした。

　最初は普通に英語の勉強をやっていたが、そのうちに、互いに親密な関係になり、人生に関する深い話をする間柄になっていった。

　三人の女子高生は学校が終わると週に一遍、私の部屋に来たが、そのことが私の精神面において大きな支えとなった。

　それは何故かというと、大学院の世界は、私にとっては、極めて陰湿で、ストレスがたまるところだったからだ。

　ある特定の教授に対して、大学院の学生はいつも媚を売らなければいけない状況にあった。

　教授が絶対的な権限を持っていて、就職などもすべて、指導教官である教授に握られているので、大学院の学生は極めて屈折した状態にあることが多かった。

　私はどうしても、このような状況に適応することができなかった。26歳の時に一度、交通事故で死にかけた経験から、他人の評価を気にせずに、自分のための人生は、自分の思うよ

うに生きてきたからだ。私が心理学を専攻していながら英語教育の方向に研究を進めていたことに対して、周囲の者はあまり良く思わなかった。**心理学的な方法論を用いて英語教育を研究するという立場は、アメリカなどでは非常に正当な方法であり、評価されているのだが、このことを狭い研究の世界で生きている視野の狭い人間には、理解できなかったのだろう。**

「苦手な人とは無理に仲良くならなくてもよい。他人には他人の事情があり、自分と他人とは別々の価値観があるのだから」とアドラーはいう。私は、この言葉を思い出した。

「心理学でなくて、おまえは英語の方にのめり込んでいる。心理学の研究室から出ていけ!」などとひどいことを言うような院生もいた。しかし私は生徒の気持ち、生徒の心理といったようなものがわからなければ、英語教育は、根底から成り立たないような気がした。まずは、学生の心理を研究することから、教師はどうあるべきなのかということを探っていきたいと思った。特に学生の心理の中でも、特に動機づけの研究(どのようにして生徒にやる気を起こさせるか)を研究したいと思っていた。中学生、高校生の中での非行、或いは学力不振というようなことが社会問題になり、毎年何十万人もの学生が高等学校を去るような現状がある。

このような現実に直面して、私は「英語学習における動機づけの研究」を修士論文のテーマにした。**どのようにすれば、学生が主体的に英語学習に取り組んでいく授業を展開することが**

出来るのか、このような研究が大切なことではないだろうかと考えるに至ったのである。

従って、心理学教室に在籍しながらも、私は高校の教師の経験や予備校でも教えているという現在の立場から、英語教育の動機づけの研究を進めていった。

特に予備校は、極めてよい研究課題を提供してくれた。ダメな授業をすると生徒の数が減ってしまうが、授業中に生徒の心を掴んだよい授業をすると、生徒が増えてくる。

だから、予備校は、自分の研究テーマにとって、よい意味での実験場だった。実験といっても生徒をモルモットとして考えているわけではない。私の研究成果が、正当に試される場所だった。高等学校などの場合を考えてみると、生徒が先生に遠慮してしまって、正当な答を出してくれない。これに対して、予備校生は極めてシビアで、生徒は本音を講師にぶつけてくれる。

私の授業が予備校生に高く評価され、よい成果をあげることができたことを考えると、自分の研究は間違っていないのだと確信した。ただ単に大学の狭い世界の中で、机に向かって人が読んでくれるか、くれないかわからないような紀要に論文を載せたりするようなことばかりが研究ではない。研究は世の役に立つことが必要だと思った。

よく純粋な研究は世の中に受け入れられないとか、或いは役に立たないようなことをやるのが研究だとか言うような人がいるが、**研究をするために多額の税金が注ぎ込まれている限り、**

その学問成果は社会に貢献し、何等かの形で社会に還元されなければいけないと思う。

英語教育を研究している人に対して、それは実用的な学問だとか、或いは金儲けの学問だとか言う人がいる。しかし、**私はひとりでも多くの人々が、英語を好きになってくれて、そしてまた英語が苦手な人が「英語はこのように勉強すればマスターできるのか」とか、或いは「楽しく勉強しているうちに英語の力がついてきた」といったようなかたちで、社会に貢献したいと考えていた。**このような英語教育の理念を追求するということは、極めて大切なことなのではないだろうか。

しかし、残念ながら大学の中は派閥主義や徒弟制度のような旧態依然としたような古い体質があり、なかなか実用的な学問をやっている人を受け入れないような面がある。

大学院在学中、精神的な、陰湿なイジメを複数の教授や院生から日常的に受けていた。辛い立場に追い込まれた。途中で大学院もやめてしまおうかとも思ったこともあった。

だが、私は歯をくいしばった。何とかこの2年間はじっとイジメに耐えながら、勉強しなければならない。

研究をするために、広島に出てきて、予備校で教えながら研究を続けているのだから、絶対に負けちゃ駄目だと思った。

この時の私を支えてくれたのが、アドラー心理学だった。

他人には他人の事情があり、自分と他者は別々の課題をもっている。職場などで、複数の人達と接していると、「どうして、

あの人は、このような状況で、あのような反応をするのだ?」「なぜ、こんなことを言うのか?」「どうして、分かってくれないの?」など、気になること、思い通りにならないこと、不本意に感じることが多い。これは、恋人同士、友人同士、親子関係においても同じだ。つまり、**他者は自分の思い通りにはならないのだ。このようなときには、他人の課題に踏み込むことを避けなければ、人間関係が破綻(はたん)するか、人間不信なり、神経症に陥ってしまうこともある。このような場合、「課題の分離」が必要になる。つまり、自分の事情と他人の事情を分離して考えることが大切なのだ。**

同じ不幸な経験をしても、**その苦難、苦境、逆境を前向きに受け止め、後の人生の飛躍の礎石(そせき)とする人もいれば、今の自分が不幸なのは、過去に辛い、不幸な経したことや不幸な状況に置かれたことが、全ての原因あると受け止めてしまう人もいる**という意味の言葉である。

不幸な体験は誰にとっても辛いことだが、「逆境を跳ね返す力」(レジリエンス)の強い人は、気後の切り替えや発想の転換が早く、不幸な、マイナスの状況をプラス発想で、前向きに受け止めることが出来るのである。

アメリカの大リーグで活躍した松井選手が、試合中に大けがをしていた時、心配顔の友人に、彼は明るく答えた。「怪我をしたという過去は、変えることが出来ませんが、未来を変えることはできます。私は今、自分の未来を変えるために、リハビ

リに励んでいるのです。怪我のお蔭で、いい休養がとれました」

このように、**同じような不幸な状況、マイナスの経験や逆境を経験しても、その状況を、自分自身がどのように受け止めるかによって、自分のこれからの未来の人生が変わってくるのである**。忘却によって不快な記憶を防衛するという原則がある。不快な印象や体験を記憶から遠ざけようとする抑圧のメカニズムが働いていると考えられている。

　辛い経験や嫌な印象を思い出したくないことが原因であれば、忘却は自分を守る手段の一つとも言えるだろう。人は、不快な印象や辛い経験を忘れられるからこそ生きて行けるのではなだろうか。不快な、思い出したくない、辛い体験は誰にでもあると思う。思い出す度に不愉快な気持ちになり、忘れようともっても、頭にこびり付いて眠れなくなることもあるだろう。

　そんな時は、**頭の回路を切り替えることが大切だ。「もう終わったことだ。過去を変えることは出来ない。でも、考え方次第で、未来は変えることが可能だ。嫌なことは、忘れよう。」**と私は、自分に言い聞かせてきた。すると、時間がたつにつれて、**不快な印象は徐々に薄れて行った。**

不快な印象の原因や自分を不幸に陥れた人間の動機は何か、理由は何だろうかなどと考えても、仕方がない。平気で人を傷つけ、陥れるような人間の行動の原因を考えても時間の無駄である。彼らには人間の心がないのだ。思い出したり、考えたりしないよう心掛けることを習慣化することが大切である。

それなりの適切な、きちんとした言い訳もなく、デートに遅れる恋人を信頼してはならない。(アドラー)

One should not trust a person in love who comes late for an appointment without an adequate excuse.

不快な印象が忘れられやすいということは、疑問の余地のない事実である。(フロイト)

That unpleasant impressions are easily forgotten is an indubitable fact.

人生は、危害に対してバリケードで自分を守り、無傷で逃げることによって自分自身を守ることである。(アドラー)

Life means protecting myself against harm, barricading myself in and escaping unscathed.

子供を教育し、世界へつながる道を教えるのが父親である
(フロム)

Father is the one who teaches the child, who shows the road to the world.

> 8歳半から10歳くらいの年齢に達するまで、子供にとって問題なのはもっぱら愛されることだけだ。(フロム)
>
> For most children before the age from eight and a half to ten, the problem is almost exclusively that of being loved.

> 父親の愛は、脅したり、権威を押し付けたりすることなく、忍耐強く、寛大でなければならない(フロム)
>
> Father's love should be patient and tolerant, rather than threatening and authoritarian.

> 神経症になる原因の一つは、その人の母親に愛情はあるが、甘すぎ、支配的である一方で、父親が弱く、子供に無関心なことである。(フロム)
>
> One cause for neurotic development can lie in the fact that a boy has a loving, but overindulgent or domineering mother, and a weak and uninterested father.

column　　アドラー心理学の実例（1）

「子供が一つの課題に自信を持てれば、好奇心が刺激されて、他のことにも興味を持てるようになる。」 とアドラーはいっているが、私も正にその通りだと思う。次に、実際にあった話を紹介する。

ある劣等性の小学5年生が、音楽の時間、先生に「君は音程が正確だね。合奏でハーモニカを吹いてみないか。」といわれた。

彼は楽譜を全く読めなかった。算数の掛け算もできなかったし、漢字も苦手だった。でもこの劣等生は、その時を境にして音楽だけではなく、理科、体育にも興味を持ち始めた。

その年の夏、小学5, 6年生の中で、体格の良い生徒数名が選ばれて、中学校のプールで水泳の指導を受けるようにと担任の教師から言われて、毎日水泳の練習をさせられた。少年はその中の一人だった。

少年の運動能力は、この時を境に飛躍的に向上した。それと同時に、音楽を通して勉強のできる優等生と友達になり、水泳を通して、勉強はあまりできないが、体力に自信のある友達ができた。

秋になって、合奏コンクールで「アルルの女の間奏曲」をやった。コンクールを終えて、誰もいない教室に戻った。自分の机の中に苦手だった社会科と国語のテストが入っていた。その結果を見て驚いた。両方とも65点だった。

「劣等生の自分でも、苦手な科目で60点以上が取れるんだ！」と少年は自信をもった。

6年生の夏休みも中学校のプールに通って指導を受けた。1学期の通信簿に「4」がいくつかついていたが「5」はなかった。

秋の合奏コンクールでは「ドナウ川の漣」をやった。

冬、小学校卒業を控えた6年生の3学期の通信簿を見て驚いた。理科が「5」だった。小学校で初めて「5」をもらった！あの時の感激は、今でも忘れない。実はこの劣等生は私のことである。

その数日後、中学校で使う教科書が小学校で販売され、英語の教科書を初めて開いた時のことを昨日のことのように鮮明に覚えている。

この時初めて英語に出逢った。この英語という科目が、その後50年以上にわたって、私の人生を支えてくれるとは思ってもいなかった。

第 11 章

人間の運命（6）
もし、あの日、学会に誘われてなかったら

精神的には極めて辛い2年間だった。その2年間を支えてくれたのが、3人の女子高校生だった。彼女達は週に1日、私の部屋に来ると非常に楽しく勉強していた。

　なぜか私も自然に心が馴染んでしまい、妹のように3人を可愛がった。むしろ私自身が3人の女子高校生によって慰められたり、励まされたりした。

　どちらが先生で、どちらが生徒かわからなくなってしまうなこともあった。この3人の女子高校生を私は手塩にかけて一生懸命に教えた。1日に4時間も、5時間もの時間を費やして、徹底的に全力を傾けて教えた。彼女達が合格してくれなかったら、一体自分はどうしてあげたらいいのだろうと悩み始めた。

　そしてある日、私は過労と睡眠不足が原因で、倒れてしまった。彼女達の入学試験の結果が気になって、精神的にも疲れてしまった。しかし3人とも幸いにして受けた大学は一校ずつ、現役で合格してくれたので、救われる思いだった。

　大学院といった、狭い世界の中でばかり、ものを考えていると見えるものまで見えなくなってしまうものなのだろうか。私は、予備校で教えることによって、そしてまたその3人の女子高校生と接することによって、広い目で世の中を見ることができるようになっていった。そしてまた何よりも、黒瀬さんが熱心に私の話を聞いてくれた。

　「小池さん。こんなことで、負けちゃいかんよ」

　私を自分の部屋に連れて行ってくれて、夜中の2時、3時ま

で私の話を聞いてくれ、適切なアドバイスをしてくれた。

黒瀬さんの娘さんが、東大を卒業して、東京の大学の専任講師をしていたこともあり、私を自分の息子の様に思い、親身になってくれたのかも知れない。このような訳で、私は、何とか精神的な苦しさにも耐えることが出来た。

3つの予備校と3人の女子高生に支えられながら、なんとか大学院での1年間を終えることができたのである。

広島YMCA予備校で講師をしてよかったことは、特に広島大学の英語教育を専門としている大学院生達や、英文学や英語学を専攻する大学院生達との交流だった。

ある秋の日のことだった。

広島YMCA予備校で英語を教えていた院生から誘われた。

「池ちゃん、もしよかったら、高知大学で、英語教育学会の研究発表があるから、一緒に来ない？」

「私なんか部外者なのにいいんですか、」

「平気だよ」

「遠慮しなくていいよ。来いよ」

「どんな服装で行けばいいの？」

「Gパンとブレザーでいいんじゃない。学会っても、堅苦しくないから、そんなに心配しなくていいよ」

これがきっかけとなり、私は英語教育学会に入会した。

学会というと、テレビドラマなどに出てくるような世界だと思っていた。学会で発表して、社会的に認められるとか、世界

的に認められるとか、そういったテレビ番組でしか、私は学会の存在を知らなかった。だから、自分のような駆け出しの大学院1年生が、学会などに顔を出していいか、迷っていた。

　心理学専攻の自分が、英語教育学会に入会して、学会発表に参加することなど、考たこともなかった。しかし、このことが、私の将来に思いがけない影響を与えるとは、その時は想像もできなかった。高知大学で英語教育学会が開かれるので、私は英語教育専攻の院生2人と一台の車に便乗して広島から高知へと出かけていった。学会で、研究発表を聞いていたら、何故か自分にもできるのではないだろうか、といったような気持ちになった。

　私は広島大学大学院を修了したら、高校の英語教師になれればいいと考えていた。しかし、英語教育を専攻する院生達は全員、大学の教員になることを目指していたので、自分にも、もしかしたら大学の教員になるチャンスがあるんではないか、と考えるようになった。

　「やれば自分にでもできそうだ」と思うこと。そして、失敗を恐れずに、実行に移すこのことが大切なことなのだ。

　目の前の現実から目を反らさず、「出来るかどうか、分からないが、一生懸命に、ダメモトでやってみよう。今回は失敗しても、失敗の経験を生かして、次回こそ成功しようと努力することが大切である」（アドラー）。

　更に私にとって、幸運だったのは、助手の深沢清次氏の存在

だった。後に彼は広島大学教育学研究科大学院教授になった。

学会に出席した時、私は初めて深沢さんと出逢った。

「英語教育専攻の院生は、これまでは、ほぼ全員が大学の教員になっていきました。小池君も英語教育学会で研究発表をすれば、大学教員になることも出来るとおもいますよ。頑張ってください。」この深沢さんの言葉が私を勇気づけてくれた。

広島大学英語教育学会の人々に励まされ、助けられながら、心理学の視点から英語教育の研究を進めて行った。

彼らの存在がなかったならば、今日の私はなかっただろう。

1981年4月。大学院の二年生なった。大学院の二年生になると修士論文の課題を決めなければならない。どのような本を読んで自分の修論を構成してゆくか、というようなことが極めて重要なことになる。本屋を回って、洋書を沢山仕入れてきた。これまでに発表された論文に目を通したりして、専門的な分野に入っていった。私は修士論文のテーマを『英語学習における動機づけの研究』に決めた。

これは自分が心理学の研究室に属しながら予備校での授業体験や高校の教師としての経験を心理学というひとつの学問体系の中で位置づけることができるのではないだろうか、と考えた結論だった。

大学院の二年生になっても私は予備校講師を続けた。

河合塾では本格的に、英文解釈の授業を生徒一クラス400

人前後を対象にして教えることになった。

　YMCAも去年と同じペースでやった。それ以外の時間は出来るだけ自分の研究に注ぎ込み、次の年には必ずどこかの大学に就職できるよう頑張りたいと考えていた。

　1981年6月。英語教育学会から手紙が届いた。それを何の気なしにビールを飲みながら、ベッドにひっくり返って読んでいると、下の方に、**全国英語教育学大会が8月6日に早稲田大学である、と書かれていた**。私はその情報を見逃さなかった。

　全国大会で自分は発表できるだろうか、と考えながら広島大学英語教育研究室助手の深沢氏に電話を入れた。締め切りは過ぎているが、今からでも間に合うとのことだったので、私は迷うことなく、全国大会での研究発表の申し込みをした。

　まさかその研究発表が自分の人生を左右するほど大きな意味を持つとは、その時には考えもしなかった。

　夏休みに入ると、私は自分の研究発表の課題をレジメにまとめることに専念した。**生まれて初めて全国大会の学会で発表するので、胸がドキドキした。修士論文の途中経過を発表するような気楽な気持ちで早稲田大学へ行った。すると、東大の院生（心理学）が私と同じ内容の研究発表をしているではないか。**

　さらに驚いたことには、私は自分の発表のレジュメを自筆で書いたものを全員に配っていたのだが、その東大の院生は、「これは私の研究成果が研究誌に載ったものです」といいながら活字に印刷されたものを、全員に配っていたのだった。私は大き

な衝撃を受けた。全国英語教育学会の研究発表が終わった後、大修館という出版社に電話を入れた。その出版社は『英語教育』という月刊誌を毎月出している有名な出版社だ。

私は恐れずに、この出版社に電話した。

「今日、全国英語教育学会で、東大の大学院生が、これは私の研究が雑誌に載ったものですと言って、レジュメを配ったのですが、私の研究の方がこれよりも優れていると思うのです。もしよろしかったら、一度お会いできませんか」と電話を入れた。すると、大修館の『英語教育』編集担当者、池田恵一氏は、別に驚いた様子もなく答えた。

「じゃ、先生、すいませんけれども、そのレジュメを我が社に一通送っていただけませんか、そうしたら、うちの方でも検討しまして、先生にお電話を差し上げます」

丁度、栃木の実家に帰ることになっていたので、栃木の住所を出版社に口頭で伝えておいた。するとなんと、栃木の実家に泊まった次の日の朝、速達が舞い込んできた。

封を開けてみると、原稿用紙が30枚ほど入っていた。

「先生のレジュメをもっと詳しく雑誌に載せたいと思いますので、原稿を書いてください」とその手紙には書いてあった。私は、まるで夢を見ているのではないだろうかと思うくらい、驚いた。生まれて初めて、『英語教育』大修館に原稿を掲載するのだから、その時の驚きようというのは今までに経験したことがなかった。一生懸命に何遍も書き直して、自分の原稿を送っ

た。するとなんとそれが雑誌に載っているではないか。

1981年の12月のことだった。

書店に行くと自分の原稿が載っている大修館の『英語教育1月号』が各書店に必ず2、3冊置いてあった。私にとっては、初めての経験だったので、非常に感激した。このことに対して、ある教授が激怒した。

「おまえは学生のくせに金儲けをするのか。こんなのは、売名行為だ！誰に断ってこのようなことをした！」私は、大声で、怒鳴られ、責めたてられた。

悲しい思いがした。その時は、大学教授の中には、こんなにも心が狭く、嫉妬深い人間がいるのかと、愕然とした。

私は、何故、自分が叱られなければならないのか、非常に不思議に思った。その教授は、私の親宛に手紙を出した。

「小池君は謙虚さが足りないと教授達が言っている」といった内容だった。これは極めて悲しいことだった。

出る杭は打たれると言われるが、まさにこの通りだ。

何よりも大きかったのは『英語教育』（大修館）に自分の原稿が載ったといったその自信だった。

「嫉妬」は、後ろ向きで、ネガティブな感情で、「できれば相手を引きずり下ろしたい。抹殺したい。」というマイナス指向の暗い感情だ。他者の欠点を徹底的に追求し、自分の立場を相対的に優位にするようなことであり、向上心もなく、何も得られない感情である。人間の持っている感情の中で最も醜い感情

の一つである。

この感情は、激しい憎しみを伴い、人生の惨劇につながることもある。この様な醜い感情は、劣等感と優越コンプレクが歪曲化したものである。このような感情からは、プラスの向上心も自己成長も生まれない。

しかし、この醜い大学の体質を 30 年以上も嫌という程味わうことになるとは、この時は想像すらできなかった。だが私は何事もプラス発想で、前向きにとらえることによって、この世界で 34 年間生き延びることができた。

どれだけ自分を欺いたとしても、劣等感は残るだろう。

（アドラー）

However much they deceive themselves, their real feelings of inferiority will remain.

優越性の目標は個人的なものであり、各人にとって、多種多様である。それは人が人生に与える意味によって左右される。

（アドラー）

The goal of superiority is personal and unique to each individual. It depends on the meaning they ascribe to life.

人生において最大の困難に遭い、他者に最も大きな害を与えるのは、仲間に関心を持っていない人である。（アドラー）

It is those individuals who are not interested in their fellow human beings who have the greatest difficulties in life and cause the greatest injury to others.

すべての人間には生きようとする意思があり、その意思がその人に正しいものを選択させる。（ユング）

There is a will to live in everybody which will help them to choose the thing which is right for them.

完全を期そうなどと考えてはいけません。しかし、それがどんなことであっても、最後まで全うするよう努めなさい。

（ユング）

Do not be perfect, but by all means try to be complete whatever that means.

第12章

人間の運命（7）

もし、あの日、河合塾の忘年会に遅刻してなかったら

1981年12月に入っても、私はどこにも就職が決まらなかった。そんな時に知り合ったのが、今の妻、葉子だ。
　葉子は私の一番精神的に辛かった時期を乗り越える私の心の支えになってくれた。
　そんなある日、河合塾の忘年会があった。私は葉子とドライブに出かけていて河合塾の忘年会には参加しないつもりだった。しかし、葉子が「河合塾の忘年会はきっと美味しいものが出るから、行ってらっしゃいよ」と言った。
　私はどうも、ああいったものが苦手で、行くのを渋っていたら、葉子がしきりに出るように勧めた。
　忘年会が始まる時間が30分以上過ぎてしまっていて、今から行っても、美味しいものはもうなくなっているのではないかと思いながら、Gパンとセーター、スニーカーといったような軽装でホテル・ニューヒロデンで開かれている河合塾の忘年会に出席した。ドアを開けてみると、豪華な忘年会がおこなわれていた。
　先生方は皆、背広とネクタイ姿で、きちんとした格好で出席していた。私は、なんとなく肩身が狭い気持ちだったが、折角来たんだから、うまい物を食べてやれと思い、腹一杯うまい物を腹の中に詰め込んで、お酒をグイグイ飲んだ。少し酔ったので、ロビーに出て休もうと思っていたら、ロビーの長椅子に、ある年配の小太りの男性がドカンと一人で座っていた。
　私は座るところがないので、最初ウロウロしていたが、その

年配の方と視線が合ったので「あの、すみませんが、そこ空いていますか？」と言って、隣に座らせていただいた。

　するとその紳士は私に丁寧に「あなたは大学院の学生さんですか？今、河合塾で。何を教えてらっしゃるのですか？」とか、「河合塾は予備校としてはどうですか？」とか、いろいろ丁寧に聞いてこられた。私は、その紳士が国語か英語か社会の先生ではないかと思って「先生は何を教えてらっしゃるのですか？」と質問した。すると意外な答が返ってきた。

「県会議員だからのう、たまには顔を出さんといけんのや」

「何故、県会議員が河合塾の忘年会にいらっしゃるのですか？」と聞いたら、その方はニコニコ笑いながら「まあ、いろいろ付き合いがあるからのう」と言った。

　そしてその紳士は私に「来年はどうなんですか、就職の方は？」と聞いた。

　私は笑いながら、「それを聞かれると一番頭が痛いんですよ。どこにも行くところがまだ決まってないし、先生は県会議員なんですから、何かいい話ありませんか？」と答えた。

するとその人は「わしは菊牡丹という酒屋の社長をやっているんだ」といいながら菊牡丹の会社の社長の名刺と県会議員の名刺をくれた。名刺には「河合邦人」と書かれていた。

　私が「河合塾と同じ、河合ですね」というと、彼は「何か縁があるかもしれんな。しかしのう、酒屋も今は人が足りとるんで、今んところ人を新しく採る余裕もないのう」と言いました。

私は内心「今更、大学院まで行って、酒屋の丁稚奉公もできないものを。失礼なことを言うオヤジだ」と思いながら、苦笑していた。その県会議員は、次から次へと、交通安全協会の会長だとか、ボーリング協会の会長など、いろいろな名刺を私に次から次へとくれた。

「わー、随分沢山いろんなことをやってらっしゃるんですね」と言ったら、彼は嬉しそうに「あ、そうだもう一枚名刺があるんだったなあ」と言われて、最後にある一枚の名刺を私に渡してくれた。

　その名刺を見ると「河合塾・河合邦人」と書いてあるではないか。肩書きをみたら、河合塾理事長と記されていた。私はびっくり仰天して、最初、話したときに河合という名前を出したので「先生は河合塾と同じ名字ですね、何か河合塾と縁がありますね」などというようなことを言っていたのですが、まさかその方が日本全国の河合塾を持ってらっしゃる方とはつい知らず、河合塾の悪口まで全部言ってしまったのだった。

「先程は太変申し分けないこと言ってしまいました。**最初から理事長だとわかっていたら私は、あんな失礼なことは言わなかったのに**」と言うと、河合理事長は私に「あんたはなかなか面白い人じゃのう。この会が終わったら、二次会、三次会も一緒に来なさいよ。就職の事もいろいろ相談しよう。あんたが、わしんところで二年間いろいろ頑張ってくれたんだからのう、わしがやっぱり面倒見てやらんといかんと思うんや」と言って、

席を立たれてた。

　二次会に行ったときに多くの偉い先生方に囲まれながら河合理事長はお酒を飲んでいたが、片隅の方に座っている私のところに歩いて来て「小池さん、明日、時間ありますか」と尋ねた。私は驚いて「ええ、大丈夫です」と言うと、「わしは明日ここで他の連中と会うことになっている。あんた、この喫茶店でわしのこと待っててくれんかのう」と言って、地図を書いて渡して下さりました。私は理事長がじきじきそのようなことをなさるので、非常に驚いた。すると、近くにいた老年の先生が「河合さん、あんたみたいな大物がこんなガキ相手にしてもしょうがないじゃないですか」と酒に酔った勢いで私と理事長の間に割り込んできた。

　すると、理事長は怒って、「わしは今、小池さんと話をしているんだから、あんたは余計なことを言わんでくれ」ときっぱりとその酔った老年の先生を退けて、私に「明日、必ずここへ来るんだよ」と言って握手をしてくれました。

　次の日、その場所へ行ったのでしたが、理事長は県会議員という役職もあって県庁の職員達とお酒を飲んで、みんなに囲まれて、私となかなか話す機会がなかった。

　しかし、その方達が帰ってしまった後、私と理事長が二人きりになり、何軒かをはしごして歩きました。

　気がついたら夜中の3時にもなってしまった。そのとき理事長は酒に酔ってしまい、あるバーで寝てしまい、どうしても

起きなかった。私は酔っぱらいの相手をこれまでにあまりやったことがないので、おどおどしていたら、その店のママさんが「あなたはもう帰っていいですよ」と言うで、私は夜中の3時頃、そのまま引き上げて自分の下宿に帰ってきた。

「何だ、期待していたのに、何とか就職を決めてくれるんじゃないかと思っていたのに、残念だなあ」と思った。

朝7時ぐらいに目が覚めてコーヒーを飲んでいると、突然電話が鳴った。

「河合です。昨日はどうもすみませんでした。酒に酔って寝てしまいまして。小池さん、もしよろしかったら今度は素面(しらふ)で話をしましょうよ。私は自民党の控え室にいるから、履歴書を書いて、スピード写真でも何でもいいから貼り付けて、わしのとこに持ってきなさい」と言われた。

私は理事長の言った通りに、履歴書を書いて、写真を貼って自民党の控え室に行った。理事長は「カレーライス、2つ頼むよ」と事務の女の人に言われて、カレーライスを頼んで下さった。カレーライスの上に生卵をパカリと割っておいしそうに食べた。私も同じ物をいただいた。カレーライスに生卵をかけて食べたのは生まれて初めてだったが、とても美味しいのに驚いた。そして理事長が話を進めた。「小池君、名古屋に明日、来ないか」とおっしゃった。カレーライスに生卵をかけて食べる時、いつも私は今は亡き河合理事長を必ず思い出す。突然、名古屋と言われて私は驚いた。

しかし、チャンスをつぶすわけにいかないと思い。名古屋に行けば何とかなるのかなあ、と思いながら「はい、明日は大丈夫です」と答えた。

　「ホテルも新幹線もわしが負担してやるから、明日、河合塾の本部に来ないか」と言ってくださった。次の日、私は名古屋に向かった。河合塾の近くのホテルに一泊した後、私は河合邦人さんのお兄さんである現・河合塾理事長に紹介していただいた。残念ながら、**理事長は、1年後、59歳の若さで、他界されてしまった。**

　また、理事長は「わしは今、海外にも河合塾を作ることを考えているんだ。まず、帰国子女の問題とかいろんな問題があるので、**これから河合塾は世界にもどんどん学校を作っていかなきゃいけないと思う。ドイツにもフランスにもアメリカにも···その点で、あんたにアメリカの方に行って活躍してもらいたいと思うんだ。アメリカ人をきちんと労務管理できる人はあまり多くないんだけれど、アメリカの方で2、3年頑張ってみる気はないかね**」とおっしゃった。「もう同級生がみんな偉くなっているだろう、いつまでも中途半端なことをやっていちゃいかんよ」と言って励ましてくださった。私はあまりにも話がとんとん拍子に進むので、やはりこの人は凄(すご)い人だと思った。さすが一代で河合塾を大きくするには、このような才覚と判断力と先見の咀がなければいけないのだと感心した。広島に帰るとすぐに名古屋での経緯を葉子に話した。年収一千万とか二千万と

か得意がって葉子に話した。葉子はさぞかし喜んでくれるのではないだろうかと思った。

　私は葉子と結婚するつもりでいたので、一千万以上の年収があると聞いたら、さぞかし葉子が喜んでくれるじゃないかと思った。すると葉子の反応は全く逆だった。

「**私はあなたが一千万とか二千万稼ぐから結婚したいと思っているんじゃないのよ。あなたが自分で英語が好きなら、英語の小さな学習塾をやってもいいし、とにかく自分の好きなことをやっている限り、私はあなたについていくつもりなのよ。今まで一生懸命に勉強してきたのに、自分が大学の教師になりたいという希望を捨てちゃったら、後で後悔しない？**　私はあなたが、たとえ今年、就職が駄目でも、2、3年は何とか辛抱することができるから、その予備校の話はもう一度考え直した方がいいんじゃないかしら。生徒のアンケートの結果に右往左往しながら一生送っていくことに耐えることができるの？」というようなことを言った。

　私はこれまで河合塾で教えていた時には、アンケート調査の結果にもびくびくせずに自分自身をさらけ出して本音をぶつけて教えることが出来た。

　その結果、生徒から極めて高い支持を得ることができ、人気講師の一人となっていた。河合塾の専任講師になり、生徒のアンケートの良し悪しによって自分の生活を左右されるとなれば、無意識のうちに生徒の機嫌を取りながら授業をやるような

ふうになってしまい、結果的にはその心を生徒に見透かされ、これまでの自分自身が持っていた良い面が全く無くなってしまうのではないだろうかと思った。私は思い切って理事長に河合塾の専任講師のお話をお断りした。すると、理事長は私を叱りもせずに「じゃ、小池さんはどうしても大学の先生になりたいのかね」と言った。

　私は「はい」と答えた。すると理事長は笑いながら「そうか、じゃ、わしがなんとか紹介してやろう」と言って、県会議員の名刺を取り出して「小池君をよろしくお願い致します」と書いて「これを広島工業大学の事務局長の中野さんに渡してごらん。彼が何とかしてくれるだろう」と言った。

　名刺一枚で大学の人事が左右されるなどということは考えられないと私は内心おもっていた。「こんな事で大学の就職が決まったら苦労はないのに」と思いながら、一応、名刺を受け取った。しかし、一か八か自分の人生を賭けてみるくらいの気持ちで、失敗しても元々だと思い広島工業大学に出向いて行った。すると事務局長の中野さんが私と会ってくださり、「河合先生が小池さんのことを非常に気に入っていらっしゃる御様子です。

　河合先生がバックにいたら広島で恐いものがありませんよ。河合先生は小池君を広島から出しちゃいかん。彼を広島県から出したら、広島県の損失だとおっしゃっていました」と真面目な顔で言われた。そして早速、英語科の主任の先生と面接の段

取りをつけてくださいました。その面接の日取りですが、その**面接はなんと3月25日、広島大学の卒業式の日だった。卒業式に就職試験の面接をするなんて、今だかつて一度も聞いたことがありませんが、**まさか自分がこんな事になろうとは思ってもみなかった。面接は午後2時からと言う約束だったが、なんと卒業式の賞状を渡されるまでに時間が掛かってしまった。広島大学の正門の前に葉子の弟が車を横付けにして私を待っていた。卒業式を終えると、私と葉子を乗せて、弟がフルスピードで車を飛ばして、広島工業大学に向かった。広島工大に着くと、英語の主任教授が、辛抱強く二時間も待ってくださっていた。

　私は面接の会場に入るなり「すみませんでした。どうしてもけじめをつけなければならないことがありましたので」と頭を下げた。すると主任教授が「卒業式ですか。ほほう、卒業証書ですか、ちょっと見せてください」と言われた。彼は私の卒業証書を見て「わしが五十年前に卒業したのと同じだ」と言われて、非常に感激していた。

　そして私に「今すぐにははっきりと決められないけれども、できれば4月からうちの大学で非常勤講師としてやってくれれば、うちの大学としても助かるんです」と言われた。

　私は非常に感激した。何故ならば大学院を卒業しても職歴のところが空白になってしまったりすると、大学の教師となることが極めて難しくなるので、非常勤講師として採用していただければ、ひとつのステップができたようなものだからだ。私は、

その三コマの授業に心血を注いで、頑張りたいと思った。

1982年4月。広島工業大学の非常勤講師となることができた。広島工業大学の教壇に立つ最初の日、私は胸がわくわくした。非常勤講師というと半分アルバイトのように考えられている人がいる。しかしその時の私にとっては非常勤講師という肩書きひとつでも大切なものだった。生まれて初めて大学の教壇に立って大学生を教えるといったような感激は、ひとしおだった。背広を着てネクタイをして出かけて行った。

広島工業大学の講師控え室に入った時、髭の濃い人が座っていた。私は最初その方があまりも髭が濃いので、まざまざと顔を見てしまった。彼は陶芸家でありながら「芸術論」を週一回、教えに来ていた池田先生だった。彼は私の顔を見ると「やあ、こんちは、今年から新しく来たのかね。小池先生は総長さんと会ったことあるかね」と突然、総長の名前を出した。

総長は大学の経営者であり、私のような非常勤講師とは全く立場が違い、直接お会いするなどということは全く考えていなかった。雲の上の人のような気がした。

すると彼は「総長さんは若い先生と話をするのが好きなんで、あんたが非常勤であるかとか、そうじゃないとか全く関係なく、きっと話を聞いてくれるから一度、挨拶しておいた方がいいよ。やっぱり一応この大学の一員なんだからさあ、今、総長さんいると思うから、四階にいるから行ってきたらいいよ」と言

われた。私はこの世界のことは全くわからなかったので「盲蛇に、怖じけず」の言葉の如く、総長にお会いするために四階まで上がっていった。すると秘書の方がいらっしゃって総長に取り次いでくれた。ノックをして総長室に入って行くと総長が何か書類を書かれていたらしく、「はい」と一言返事をしながらも、顔を上げずに10分間ほど何かものを書いていた。

　書類を書き終えると、総長が顔を上げられ、私を見て「えーと、今年から来られたのかね」と言われた。

　体格の立派な方で、背の高い方だった。「あんた結婚しとるのかね」と聞かれたので、「私は3月11日に学生結婚したのですが、今月の18日に、結婚パーティをすることになりました。もしよろしければいらっしゃって下さい」と挨拶のつもりで言った。

　まさか総長が非常勤講師の結婚パーティにくるなどということは考えもいなかった。私は非常勤講師として、たった週に一度、この大学に来ているのに過ぎないのだから。すると私の意に反して、総長は突然、手帳を取り出し「18日は空いているよ。じゃ、わしは行ってもいいのかね」とおっしゃった。

　私は逆に慌ててしまい「ええ、どうぞいらっしゃって下さい」と言った。すると総長は私に「元気で頑張りなさいよ。授業に遅れていくようじゃ、駄目だよ。そんなことをすると生徒が先生を信用しなくなるからね」と笑いながら言われました。私は、その時のことを今でもはっきり覚えている。

広島工業大学の非常勤講師を辞めた後も、私は数年間、総長が理事長をされている鶴教育研究振興会から教育研究費をいただき、研究を続けることができた。

　研究著書の出版助成もしていただいた。私は今でも鶴総長を心から尊敬し、感謝の気持ちを忘れたことがない。でも大学の非常勤といっても3コマで月に7万円か8万円の収入しかなかった。

　だから、年収にして60万から70万だった。

　夏休みとか冬休みにはお金が一銭も入ってこなかった。このようなわけで結婚はしたもののお金には非常に困ってしまった。そんな時、広島大学の時にお世話になった米田教授とたまたま広島工業大学に向かうタクシーで一緒になった。

　先生は広島工業大学から頼まれて非常勤講師として週に一度、偶然、水曜日に私と同じ時間に広島工業大学の授業を担当することになっていた。先生とは殆ど毎週といっていいほど電車が同じになり、そして二人でタクシーを相乗りして帰るようなことが続いた。するとある日、先生が「今日は帰りに一杯やって帰らんかね」と私を誘ってくれた。

　「この辺で非常にうまいところがあるんだよ。ついておいでよ」と言って、先生は焼鳥屋に私を誘って下さいました。そして焼鳥を食べながら「君は高等学校の教師にはもうなる気が無いのか」と聞かれました。

　私は「はい、自分は大学の世界で生きて行きたいと思います

ので、高校の教師はもうすでに一年やってきましたから、出来れば大学の方に行きたいと思っているんです」と答えた。
すると先生は「しかし、大学への就職はかなり難しいからなあ。何よりもボーナスが全く出ない今の立場だと、新婚生活が大変だろう」と言われた。

「ええ、専門学校とか、いろんなところを掛け持ちしながら、何とか頑張っているんです」と言った。すると先生が「わしの知り会いの男が経営している学校のことなんだけれども・・・**君は加計君のところで働いていたことがあるだろう。加計学園・広島英数学館予備校だよ。加計勉君は、加計学園の理事長で、岡山理科大理事長だけれど、わしとは、広島大学時代からの親友なんだ。その加計学園が高校を新しく作ることになって、もしよかったら君に来て欲しいと言っているんだよ。でも君はどうしても高校の教師にはなりたくないんだろ？」**と先生は言った。私は迷った。このまま非常勤講師を勤めていても先が全く見えないからだ。

永遠に非常勤の立場におかれることも考えられるし、また非常勤講師は一年契約なので次の年になってしまうと、非常勤のコマ数を減らされたり、或いは自分のポストが無くなってしまう可能性があるからだ。

米田先生は更に付け加えられた。「加計勉君は岡山理科大も経営していて、いわゆる加計学園のグループというものを築いてらっしゃる方だから、**君は岡山理科大の非常勤講師と掛け持**

ちで英数学館高校に行くようなことも考えられるんだよ。この話はうまくいったらの話だけれども。まあ、考えておいてくれ給え」と言われた。私は広島に来て最初の１年間、広島英数学館の夜間部で高校３年生の最もレベルの高いクラスを教えたことがあったことを思い出した。人間というのは不思議なものだと思った。人と人の出会いというのはこのようにして繋がって行くのであろうか、人生の人と人との出会いの不思議さに感動した。数日後、私は米田先生に電話した。加計学園・英数学館高等学校教諭として就職し、週に一度、岡山理科大学の非常勤講師として勤める条件で採用していただくことをお願いした。

　私の広島での人生は、この三つの予備校によって支えられてきたのだ。まず、YMCAでは学問上の人脈作りという面で非常に大きな影響を与えられた。河合塾の理事長によって広島工業大学へのルートを与えられた。さらに加計学園・英数学館予備校で自分が英語を教えていたお影で安定した職へのワンステップを得ることが出来たのだ。

自分自身の存在意味が他者の人生に貢献することを認識できない場合、人は常に間違いを犯しているのだ。（アドラー）

People always make mistakes if they do not recognize that their own significance lies in their contribution to the lives of others.

自分自身の幸福と人類のための幸福のために最も貢献するのは共同体感覚である。（アドラー）

The greatest contribution to an individual's own welfare and to that of humankind is fellowship.

人が自分の人生をどのように意味づけしているかは、行動にはっきりと表れる。（アドラー）

Their interpretation of the meaning of life will be evident in their actions.

人生のすべての課題を解決しなければならない場合は、協力する能力が必要とされる。（アドラー）

All of life's problems demand an ability to cooperate if they are to be resolved.

勇気をくじかれ、泣くことで、自分の思い通りのことが出来ると思っている子供は、泣き虫になるだろう。泣き虫の子供はそのまま鬱病(うつ)になるだろう（アドラー）

Discouraged children who find that they can get their own way by tears will be a cry-baby. The cry-baby leads directly to the adult melancholic.

我々は、劣等性によって、我々の本能的な世界と同様、人類と結びついているのである。（ユング）

In our inferiority we are linked up with mankind as well as with the world of our instinct.

ある人を内向的ということは、その人が内向的主観を好むことを意味するが、外向的な面もまたもっている。（ユング）

When you call somebody an introvert, you mean that he prefers an introverted habit, but he has his extrovert side too.

column　　　アドラー心理学の実例（2）

　私は、小学5年生の時のクラス担任の男生教師から、精神的虐待を受けていた。だからクラスでは、いつも仲間外れだった。
　テスト問題を配るときには、クラスの全員の前で、「直己、カンニングするなよ。」と言いながら問題用紙が配られたこともあった。
　そんな、ある日、「交通事故について」という課題で作文の宿題が課された。私は、3歳下の弟が、自転車に跳ねられた出来事を、自分の感じたままに、原稿用紙5枚にまとめて宿題を提出した。漢字が苦手だったので、5枚の原稿用紙の中には、殆んど漢字が使われてなかった。
　数か月後、掃除当番をしていると、「君の作文を他の先生たちと一緒に読んだ結果、学校代表として読売新聞社主催のコンクールに出した。その結果、銀賞を受賞することになった。」と伝えられた。
　最初、実感が湧いてこなかった。成績は常にクラスのビリレベル、学級委員長にも一度も選ばれたことがなかった私が、全校生徒の前で、校長先生から症状と副賞を手渡された。
　教室に戻ると、いつも一人ぼっちだった私の席の回りにクラス中の生徒が集まって、祝福してくれた。
　すると、先生が突然教室に入ってきて、言った一言が私の心を一瞬にして打ち砕いた。「おまえが書いたんじゃねえんだろう。誰に書いてもらったんだ。」
　あまりの衝撃に、私は打ちのめされた。ただ涙が流れるのを止めることが出来なかった。
　その時、背後から一人の少女のやさしい声が聞こえた。「私は、信じている。」私はその時、初めて恋をした。
　私は、**この初恋のお蔭で、勇気づけられ、つらい経験をプラス思考で受け止めて、常に前向きに生きることを、この時初めて学んだ。私は学校へ行くのが楽しくなり、勉強も運動も好きになった。**
　その後の私の人生は苦難の連続だったが、**逆境をプラス思考で受け止めて、絶望のどん底から何度も這い上がってきた。**55年以上も昔の、この時の苦しい経験は、私が大学教授になってからも大いに役に立った。

第13章

人間の運命 (8)

もし、あの日、学会発表をしてなかったら

1983年4月、私は、加計学園・英数学館高等学校教諭兼任岡山理科大非常勤講師として着任することになった。その高等学校は広島市内にあるのではなくて、広島から約130キロ離れた福山市にあり、更に福山駅から岡山行きの鈍行に乗り換えて行かなければならなかった。

加計学園理事長の加計勉氏は、立派で温厚な優しい方だった。

私のアパートは、広島大学まで徒歩で五分程で行けるような、好立地条件の所にあったので、どうしても広島のアパートを引っ越す気持ちにはなれなかった。

広島駅から新幹線に乗り福山駅で岡山行きの鈍行に乗り換え、高等学校に8時25分に着くという、スケジュールを立てた。そのためには毎朝、少なくとも朝6時には起きて、薄暗い中をタクシーで広島駅まで行かなければならなかった。心身共に大変苦しい毎日だった。しかしその高校は極めてよい環境にある高等学校だった。いわゆる、優秀な学生ばかりを集めた進学校であったので、学生の反応も極めてよく、かなりレベルの高い授業が行われていた。

何よりもそこで非常に大きかったのは、副校長の原先生の存在と英語の同僚の佐藤誠司先生の存在だった。

この二人の存在が私の人生を大きく左右することなど、その時には考えもおよばなかった。

特に佐藤誠司氏は、その後30年以上、英語本の出版を始め、私の人生に計り知れない影響を与えてくれた人物である。私が

多くの本を出版できたのは、彼のお蔭である。彼の存在なくしては、大学教官として、30年以上の年月を過ごすことが出来なかっただろう。様々な困難に直面する度に、何度も彼に助けられた。この本を書くことが出来るのも、彼の助言があったからである。正に、我が人生の盟友である。

　副校長の原先生は、駿台甲府高校の教頭となられ、そして英数学館高等学校に単身赴任でいらっしゃった人だった。国語の先生で受験界にかなり通じた人物だった。私と非常に馬が合って、二人でよく話をした。

　数ヶ月間は特別なにも起こらずに過ぎていった。私はその年の夏、静岡大学で行われる全国英語教育学会に向けて発表したいと思い、一刻を惜しんで、毎日、往復の新幹線の中で一生懸命に勉強していた。高等学校の仕事は非常に激務なので、なかなか勉強をする時間に恵まれなかった。**私は大きな鞄の中に専門書を沢山詰め込み、毎日新幹線で通勤した。新幹線の中で、専門書を読んだり、学会で発表するレポートのことを毎日考えて過ごしていた。**書物を詰め込んだ鞄はとても重く、それが原因で関節炎になってしまい、足を引きずるようにして、学校に通う毎日だった。

　学会での研究発表の準備がやっとできた頃、もう夏休みに入る段階に来ていた。英数学館高等学校は進学校なので、夏休みの夏期講習をすることになっていた。だが、不幸にして高等学校の夏期講習のスケジュールと全国大会の日程がぶつかってし

まい、非常に悩んだ。

　学会で発表する日は夏期講習を休ませて欲しい、とお願いしたら「おまえ非常識だよ。こんな事が許されると思っているのか」と言われた。

　しかし私はどうしても年に一遍のこのチャンスに賭けてみたかった為、一生懸命に頼んだ。そんな時、佐藤誠司先生が「じゃ、私が小池先生の代わりにやりましょう」と言って下さった。

　副校長も「そいじゃ、佐藤さんが代わりをやってくれるのだから、おまえ、しっかり学会で頑張ってこいよ」と言われて、肩をポンとたたいて下さった。この時、自分が同僚に恵まれ、そしてまた上司にも恵まれた環境にあることに感謝した。

　私は静岡大学の全国英語教育学会で、特に、新聞英語と放送英語に関する研究を発表した。

　私が発表を終えた時に一番前に座っていたかなり年配の教授が私に早口で何か質問をした。私はその質問に対して何か適切な答を出したことを覚えている。

　学会発表を終えてから懇親会があった。懇親会の時にたまたま先程、私に質問した先生が私の肩をポンと叩いた。

　「あんた、なかなか元気がいいのう。あんたの授業は出席を取らんでも学生が、かなり出てくるというのはほんとかね。もしそうだったらうちの大学に来て非常勤講師として週に一遍ぐらい手伝ってくれたら助かるんだがなあ。はっはっは・・・」と笑いながら、その先生は私に名刺を下さった。

私も自分の名刺をその先生に差し上げた。その先生は、今はもう亡くなられてしまった、**加藤元文・福山大学教授だった。加藤先生は元文部科学省の役人だった。定年退職後、大学教授として福山大学に赴任された方だった。**とても元気のよい方だった。

「でも先生、非常勤講師として行きたいと思っても今、高校の教師をやりながら岡山理科大学でも毎週、教えているので残念ですが、先生の御要望にはお応えできません。だから専任講師として私を採って下さい。」と笑いながら言った。

　すると加藤先生は「うーん、専任は非常に難しいなあ、でもまあ、何かチャンスがあったら考えておくよ。君のところに連絡するには、ここに電話すればいいんだな。わかった。わかった」と言いながら、人ごみの中へ消えていった。まさかこの事が自分の人生に於いて、最も大きな出会いであったとは、その時は知るよしもなかった。

　それから二、三ヶ月経ったある日、私の家に突然、加藤先生から電話があった「今、広島に来ているんだが、あんたは今、出てこられるかね」と突然の電話だったのでとても驚いた。

　私は「はい、大丈夫です」と言って先生にお会いした。

　すると先生は喫茶店で「あの時は黙っていたけれど、あなたのことを失礼ながら調べさせてもらったよ。そしたらあなたは申し分ない人間だということが分かってなあ。はっはっは…」と笑った。「実はうちの大学で欠員があるんで、その補充のた

めに今、専任講師を探しているんだ。

　私は、あんたのことを採りたいと思っているんだが、他にも何人かの候補者がいるからまだはっきりしたことは分からないけれども、その為にはあんた身辺に気を付けなければいけないよ。まあ、普通にやっていりゃいいんだけれども、変なことをすると就職に差し障るからなあ。はっはっは・・・」

　私は加藤先生に感謝した。この世知辛い世の中で人の面倒をみてくれる人など最近少なくなってしまった。でも、たった一回の出会いで私のことをここまで考えてくださる方などいないと思った。

　季節はすっかり晩秋となり、私は高校のひとつの行事である「福山・みろくの里」での合宿に参加していた。紅葉がとっても奇麗で、夜空が満天の星で埋め尽くされたような、静かな場所だった。加藤先生は東京に家庭を持ちながら、その「みろくの里」に近いところに単身赴任して、そこで一人で生活しておられた。年齢は当時六十六歳だった。「わしは戦争に行って、なんとか生きてきたんで、今はもう、おまけの人生を送っているんだよ。だから人の面倒を見て生きていくのが好きなんだ」とよく言われていた。そんな加藤先生のことを思い出し、私は先生の住んでいる福山市松永町のアパートに、高校の合宿先である「みろくの里」から電話した。すると加藤先生は「もし良かったら、一度食事でもしよう」と言われた。私は学校の帰りに加藤先生の住んでいらっしゃる福山市松永町を訪ねた。

加藤先生は中華料理をご馳走して下さった。

「まあ、待ってなさい、結果がどうあるかわからないけれども、人生というものはなかなか自分の思ったようにはならんからなあ。まあ、駄目で元々ぐらいの気持ちで、時を待つんだよ」と元気付けて下さった。

　帰りがけ、雨がポツポツ降ってきた。私はたまたまビニールの傘を持っていたが、加藤先生は持っていなかった。

「大丈夫だよ、わしは戦争に行ってきたのだからこれくらいの雨は、なんでもないよ」と言いながら、濡れて帰ろうとした。「この傘を先生に差し上げますので、さして帰ってください」と言って先生に傘を渡した。加藤先生は「そうか、どうもありがとう」と言われて、とぼとぼと自分のアパートに帰っていった。私は松永駅から山陽本線に乗り、三原駅に出て三原駅から新幹線で広島へ帰っていった。

その途中、尾道の街が窓越しに見えて、夕闇に映える海がとても奇麗だった。大きな船が停泊していて素敵な夜景だった。夕焼けの霧の中に浮かぶ大きな船と尾道の港街はとても素敵だった。 私は海のない栃木県生まれだったので、海に対して非常に強い憧れを持っていた。だから大学もできれば海の近くにある大学に行きたいなと思っていた。そう思っていると、不思議なことに、海の近いところにある広島大学に来ることになってしまった。大学の教壇に立ってみたいと思って**努力していると、すぐには実現できないけれども何年か経った後には必ず自**

分の夢が実現してゆく、というような不思議な運命のようなものを私はこれまで何度か体験してきた。

　それから数ヶ月して年が明けた頃、英数学館高等学校の方に福山大学教養部長の渡辺教授から、電話があった。

　「小池さん、今日、福山でお会いできませんか？私は福山キャッスルホテルのロビーにおります。このホテルのロビーで今晩、お会いできませんか？」

　突然の電話なので、私はびっくりしてしまった。私はネクタイをすることがいやで、普段から高等学校へはノーネクタイで通勤していたので、突然の面接に慌ててしまった。

　副校長に事情を説明すると、「おい、おまえ頑張れよ。折角のチャンスなんだから、ネクタイは、俺のネクタイをしていけ、きっと運が良くて、おまえ、採用になるかもわからんから、なあ、頑張れよ。」と言いながら私の肩をポンと叩いて下さった。私は副校長に心から感謝した。副校長も一年間の単身赴任で寂しかったのでしょう。二言目には「俺は東京に帰りてえー、俺は東京に帰りてえー」と言っていた。

　私は福山駅の近くにあるホテル・キャッスルのロビーに、副校長のネクタイをして出掛けていった。

　すると年齢85歳の老教授がいた。髪もヒゲも真っ白な人だったが、とても気品がある、話していると何故か元気が出るような方だった。

　渡辺教養部長は私を見るなり「やあ、小池さん。わしもあん

たに一度、会っとかなくちゃいけないと思ってねえ」と言いながら、いろいろなことを私に尋ねられた。

それから数日程経った或る日、私は加藤先生に電話を入れたところ、加藤先生が風邪で寝込んでおられるとのことだった。

私はすぐに加藤先生のお見舞いに出掛けて行った。蜜柑や蜂蜜のようなものを買って、加藤先生が単身赴任しているアパートを訪ねた。冷たい雨が降る冬の寒い夜のことだった。

私が部屋に入ると加藤先生は寝床から起きられて、私の顔をじっと見詰めて「小池君決まったよ」と突然言われた。

「えっ？何が決まったのですか？」

「今日、教授会で君の採用が決まったんだよ。良かったなあ」

私はあまりにも突然の事に驚いた。

「え、私が本当に決まったんですか」

「うん、わしは今日、風邪をひいて会議には出られなくって、君の事を他の教授に頼んだんだよ。だけど良かったなあ、決まって。早く奥さんに知らせてあげなさいよ」

家に電話をしたら、もう既に妻も私の採用を渡辺教養部長の方から連絡を受けていた。「よかったねえ」と言って感謝していた。私は加藤先生に丁重にお礼を言い、アパートを出ていった。その時はもう雨が止んでいたので、ついうっかりして先生のアパートに傘を置き忘れてしまった。それにも気付かずに、私は広島へ胸を躍らせて帰った。

この素晴らしい運命に、二人でワインを開け乾杯した時に妻

は涙ぐんで言った「良かったね、良かったね」この言葉しか出なかった。

　ここまで到達するのにいろいろなことがあった。走馬灯のように脳裏をかすめていった。

　私は、妻にお電話を下さった教養部長の渡辺先生の御自宅に御礼の電話をした。すると渡辺先生は「小池君、頑張っていこうよ、皆でがっちり腕組んで行こうね。ほんとに良かった、良かった」と言って、喜んでくださった。こんなことがあって私は福山大学専任講師への転職が決まった。33歳の時だった。

　このことを副校長に伝えると、副校長は非常に喜んでくれた。「俺も、実は代々木ゼミナールの方へ行くことになったんだよ。ところで、今日、おめえの授業をちぃと見せてくれよ。なあ、いいだろ」と副校長が言われた。「でも、恥ずかしいから勘弁してくださいよ」

　「まあ、いいじゃないか。ちょっとだから」と副校長が言うので、私は仕方なしに許可した。副校長が教室の片隅に腰をおろして、私の授業を参観することになった。私が教室に入って行き「おはよう」と言って、英語のレッスンを僅か十分ほど始めたときに、副校長はさっと席を立って行かれた。

　「なんだ、授業見るんだったら、最後まで見ていけばいいのに」と思いながら、授業を終えた。

　職員室に帰っていくと「おい、おまえちょっと来いや」と言った。私は叱られるのではないだろうかと思いながら副校長の部

屋について行った。

すると副校長は目を真ん丸にして「おめえ、代ゼミでやったらバカ受けするぞ！」と言った。

「えー、どうしてですか」と聞いたら、「俺の目は節穴じゃないよ。おめえは予備校の講師としてすごい資質を持っている。俺は一発で見抜いたよ。これは直感だなあ。おめえのことを東京に行ったら代ゼミの方に話していいかなあ」と言った。

私は驚いて「代ゼミはなかなか厳しい所だと聞いているのですけど」と言ったら、副校長が「大丈夫だよ。代ゼミでやってみろよ、有名になれるぜ。

日本中で授業をやって、日本中のカニ料理が食えるぜ」と言った。まさかこんなことになろうとは夢にも思わなかった。

1984年3月。私と原副校長が英数学館高等学校を去ることになった。4月から私は福山大学専任講師に、そして副校長は代々木ゼミナール講師として新たな人生を歩んで行くことになった。

共に1年間の月日を過ごした生徒達が手を振って送ってくれたことを今でも、はっきりと覚えている。

私は福山大学の近くにある、三原市に広島市から住居を移した。そして三原から岡山行きの鈍行に乗り、松永駅で降りて大学に向かう、という日々を過ごすことになった。

海を見ながら通勤したいといった夢は、実現した。尾道の風景はとても美しかった。

「電車の窓からは海が長時間見られる。なんて素敵だなあ」と毎日、感激しながら、海を見ながら通勤しました。毎日が楽しく夢のような日々だった。

　福山大学には私以外に、二人の先生が新しく着任なさった。その二人の中でも私より少し若い先生がいた。専任講師の左近善樹氏だった。彼と非常に親しくなった。

　彼は二言目には「ほんとに良かった、ほんとに良かった。いいですね、小池先生、私等は幸せですね」と会うたびに言っていた。「自分の好きなことをやって飯が食えるなんてやめられないですね」これが彼のいつもの口癖だった。

　英語がとても好きであったし、英語を教えながら人生を送れて、夏休みも冬休みもあるのだから素晴らしいと、いつも二人で話していた。給料はとても安かったが、田舎の素晴らしい環境に福山大学はあった。

　私は毎日、胸をときめかせながら出勤した。学生達も、とても皆素直だった。レンゲ草が咲き乱れるような田んぼでゼミをやったこともあった。しかしレンゲ草に蜂が沢山とまっているので、「先生こんなところにいると蜂に刺されて、授業にならねえよ」なんて言われながら、楽しく過ごした。私はこの大学で一生過ごしてもいいと思っていた。

　美しい尾道の風景を見ながら通勤できて、そして素直な生徒達と楽しく過ごし、そして自分の好きな英語を教えて自分の一生をここで終えても全く悔いはないと考えていた。

> 人間のすべての問題は、3つの主要項目、即ち、仕事、対人関係、性の問題に分けられる。(アドラー)
>
> All human problems can be grouped under three main headings: occupational, social and sexual.

> たった一人にしか意味がないような言葉は、実際には無意味である。(アドラー)
>
> A word that meant something to one person only would really be meaningless.

> 人生に対して、どの様な意味づけをしているかは、行動の中に現れる。(アドラー)
>
> Their interpretation of the meanings of life will be evident in their actions.

> 人生に対する解釈を変えなければ、行動を変えることは出来ない。(アドラー)
>
> They will never change their actions unless they change their interpretations.

そう状態では、思考が自由であり生産的であるが、うつ状態になると、脅迫的な感情に取りつかれる。(ユング)

In the manic phase they think freely, they are productive. Then the depressive phase comes on, they have obsessive feelings.

達成できそうもないことを追い求めるより、自分で出来ることを実行しなさい。(ユング)

Fulfil something you are able to fulfil rather than run after what you will never achieve.

人間がすべての環境に適応しているとしたら、世界は一体どんなことになっているでしょうか？我慢が出来ないほどうんざりするでしょう。(ユング)

What would the world be like if all people were adopted? It would be boring beyond endurance.

第14章

人間の運命（9）

もし、あの日、恩師と再会してなかったら

1984年6月。私はたまたま東京へ行く用事が出来たので、東京の友人に電話を入れた。

　彼は「俺の所に泊まればいいよ」と言ってくれた。私は東京へ向った。そして二、三日友人のところに泊まって用事を済ませた。朝、彼と別れてから、広島に帰るまでの時間が少しあったので、ふと喫茶店に入ってコーヒーを飲んでいた。なんとなく鞄の中に、私が福山大学の授業で使用している英語のテキストが入っていたのに気がついた。そのテキストの著者は長谷川潔先生だった。私は長谷川潔先生をこころから尊敬していた。

**　先生には立教大学時代に一度教えていただいたことがあった。長谷川潔先生はNHKのテレビでも活躍され、立教大学が母校だったせいか、お茶の水女子大学の教授をされている著名な先生でありながら、週に一度、立教大学にも教えに来られていた。**

**　私は大学3年生の時にこの長谷川潔先生という、当時、英語教育界では知らない人がいないくらい有名な人物と運命的な出会いをした。**

　しかし大学3年生の時にはまさかこの先生が自分の人生に於いてこれだけの影響力を持っている人とは気づかなかった。

　英語のテキストをパラパラとめくっていた時、何故か長谷川先生の顔が頭に浮かんだ。

　「そうか折角、東京に来たんだから長谷川先生の所に電話を入れてみようかな。今だったらちゃんとした就職をしているから、あなたは今何していますかと先生から尋ねられても自分は

大学の教師になって先生のテキストを使っていますと、胸を張って言うことができる。ちょっと電話してみよう」と思って、番号案内の104番を回し当時、先生の勤められていた横浜国立大学の電話番号を調べ、大学に直接電話した。

　長谷川先生のような売れっ子で有名人はつかまらないと思っていたが、意に反して突如、「はい、長谷川です」と電話口に出られたのには、びっくり仰天した。

　考えてみればなんの不思議もないことだが、直接、先生と電話で話をするのが初めてだったので、胸がドキドキした。

　「あのー、私、小池と申します。大学3年の時に先生の授業に出ていたことがあるんですが、自分は法学部を卒業しながら今、大学で英語を教えているのです。

　先生は、覚えていらっしゃらないかも知れませんが、**10年前に先生から、小池君は、法学部の学生だから、教職の単位を取って高校の英語教師になるより、大学の英語教師になる方が近道だと言われたので、その言葉を信じて大学の専任講師になりました。**」

　「思い出しました。小池君でしたね。はっきり覚えています。とても印象深い学生でしたから」

　「ありがとうございます。今、私の授業で先生の『放送英語の聴き方、学び方』(南雲堂)を使わせて頂いております。高校の教師をしていた時も、先生の書かれた桐原書店の『高校総合英語』という英文法の参考書を採用していたことがあるんですよ。」

「もしよろしければ、今日、うちにいらっしゃいませんか」と長谷川先生が言われた。これにはまたびっくり仰天してしまいまった

「今日、私は5時には、家に戻りますから横浜の方にいらっしゃいませんか。もしよろしければ、ゲストルームに泊まっていかれても結構ですよ」と言った。

私はこんなに有名な売れっ子の先生と直接話が出来ると思うと、非常に感動した。

戸塚駅を降りて先生の言われた通りに行くと、簡単に先生の家が分かった。先生とお会いしてビールで乾杯した。

すると先生が「今、どんなことをやってらっしゃるんですか」と私に聞かれたので、「私は放送英語を今、興味を持って研究しているんですけど、その時にも先生の書かれた放送英語の本を何冊か読みました」と言った。

先生は私のやっている研究に熱心に、耳を傾けて聞いてくださった。すると、突然**「もし、よろしかったら一緒に本を書きませんか」と言われた。私は冗談かと思った。**

先生は立ち上がって、原稿用紙を百枚ほど持って来られた。

「あなたが先程、話されたことを原稿用紙に適当にまとめて、まあ、百枚前後でいいんですけども、書いて送っていただければ、私、載せますよ。ちょうど今、放送英語の本を書いているところなので」と言われた。

こんなチャンスは滅多に無いと思った。まさか自分が本を書

く機会に恵まれるなんて、一生を通してそう何度もないことだと思った。私は百枚前後の原稿用紙をどのように埋めるかを考える間もなく、とにかくやってみようという気持ちで、喜んで先生のお話を受けさせていただいた。

三原の自宅に帰ると、すぐに放送英語の原稿を作成する仕事に没頭した。しかし百枚の原稿用紙を一気に埋めるということは難しかったので、まず、**論文を4回に分けて日本教科教育学会誌に連載したものをまとめて本に載せようと思った。**

先生もこの事には同意してくださり、**私と先生が共著の形で日本教科教育学会誌に4回連続で連載（審査論文）することになった。**

4本の論文を基にして『放送英語の利用法』（大修館）の第一章が完成した。そんなことがあってから、私と長谷川先生は仕事を通して急速に接近していった。

これまでの私にとっては、英語に対しては特別、決まった指導教授がおらず、自分なりにマイペースで研究を進めて来たわけだが、やはり研究を進める場合、尊敬できるしっかりとした先輩、或いは指導教官の存在が絶対不可欠になる。

私は長谷川先生との出会いによって、新しい分野に足を踏みいれることができた。長谷川先生には今でも心から感謝している。

夏休みが近くなったある日、代々木ゼミナールとの連絡が取れ、一度、東京の代々木ゼミナールの本部の方に出掛けて来な

いかとのお誘いがあった。

　私は東京に行く用事があったので、そのついでに代々木ゼミナールの松田本部長と直接お会いすることになった。

　すると松田本部長は私と会った時に「原先生から小池先生の事はよく聞いています。一度、夏期講習で先生の授業をみさせて頂きたいと思うのですが、履歴書をうちの書式に書き換えていただけませんか」と言われた。そんなことを話しているうちに代々木ゼミナール理事長の高宮氏と副理事長の武村氏が面接の部屋に入ってこられた。

　代々木ゼミナールの理事長は恰幅(かっぷく)のいい方だった。

もしも河合塾の理事長であった河合邦人氏がその時、生きていたならば私は代々木ゼミナールに行くことはなかった。しかしその時は既に、河合邦人理事長は59歳亡くなっていた。従って私は代々木ゼミナールに行くことに対して躊躇することがはなかった。十数分ほど雑談をしながら、履歴書に自分の略歴を書き込んでいった。

「あのー、学歴は高校からですか、大学からでいいのですか？」と訊いたら、なぜか、松田本部長が突然、「理事長、これは受けますよ！大丈夫です。私は自信ありますよ。小池さんは、必ず生徒からの圧倒的な支持を受けると思いますよ！」と言われた。

　何故そんなことを突然言われたのか私には全く見当が付かなかったが、とても不思議に思えた。予備校の経営に携(たずさ)わっている方というのは、直感が非常にすぐれているのだろうかと思った。

お会いして、わずか十数分のことだったが、ここまではっきり採用決定と言われるとは、まったく予測できなかった。

　私はただ指定の履歴書に自分の経歴を写しながらいろいろ話をしていただけだったのに、松田さんの眼力があったのか、或いは思い込みだったのかよく分からないが、これが代々木ゼミナールにデビューするひとつのきっかけになったのだ。

　夏休みに入り、私は代々木ゼミナールの教壇に立つことになった。とても緊張した。何故ならば、教室が非常に大きくて目測で生徒が約500人前後はいたからだ。このような沢山の生徒のいる前で授業をすることは、今までに経験がなかったので、最初は少しあがってしまった。当時課長だった佐藤さんが「先生、字を大きく書いてゆっくりと喋ればいいんですよ」と言って元気付けてくださった。やはり代々木ゼミナールは当時、全国で一番大きな予備校だというプレッシャーがあり、非常に教壇に立つ度に不安感を持っていた。「ちょっと他の先生の授業を見せていただけませんか」と言った。すると佐藤さんは「じゃ、うちの予備校で一番人気のある授業をお目に掛けましょう」と言って、私をその先生の教室に入れてくださった。教室に入った瞬間、圧倒された。

　その教室は五百人詰めぐらいの大きな教室だったが、生徒は満杯。しかも、横の細い通路にまで、一人で掛ける机がずらりと並べられていた。これでは出入りが出来ないのではないかと思った。更に立見席がずらりと出来ており五百人入る教室に約

六百人前後の生徒がひしめいているのには驚いた。その教壇に立たれている先生は、英語の青木先生だった。

　彼はマイクを首から下げ、解りやすく授業を進めていた。私は教室の隅に腰を降ろし、授業を十分間ぐらい聞いていました。

「なるほどこれが代々木ゼミナールのトップ講師の授業か」と思い、胸がわくわくした。

「どうでしたか、先生」と佐藤さんが私に聞いた。私は「何とか自分も頑張ってあんなふうになりたいですね」と言うと、彼は「大丈夫ですよ、先生だったら何年かすればあのレベルに到達できると思いますよ、頑張ってください。この世界は不思議な世界で、最初は四畳半の汚い下宿に住んでいたような人でも、代々木ゼミナールの中で生徒の圧倒的な人気を得た場合、田園調布あたりの一軒家がすぐ手に入るんですから。予備校の世界は正に実力の世界ですよ。先生も実力ひとつで、のし上がって行けるんですから、頑張って下さい」と言ってくれた。

　数日後、私は代々木ゼミナールの教壇に初めて立つことになった。自分がマイクを通して話す声が非常に明瞭に跳ね返ってくるのには驚いた。廊下に出ると、生徒が溢れていた。それを交通整理している職員もいるのには驚いた。私は三日間だったが、自分の持っている力をフルに発揮して授業を進めることができた。私が授業をしていると、スタッフの方が五人ほど教室に入ってきて、後ろで聞いていた。10分ほど経つと一人一人引き上げていった。その時には何となく胸がどきどきする思

いで一杯だった。

　アンケート調査を終え、その結果を聞いたところ、二つの教室で教えたが、片一方の教室は圧倒的な支持があったとのことだったが、もう片一方の教室ではまあまあの評価だったらしかった。

　同じテキストを使って同じ力を入れて授業をやっても、教室によって相性が良いとか悪いとかが出るらしい。しかし私はこれをきっかけに代々木ゼミナール講師としてデビューすることになった。テキストは自分が作ったものではなかったので、予習はとても大変だった。400名～500名ほどの生徒に対して万一間違ったことを教えたらどうしようとか考えながら、発音やアクセントにいたるまで綿密にチェックをしながら予習をしていったことを覚えている。最初は、慣れてなかったせいか夜中の2時、3時にまで予習の時間がおよび毎日寝不足で眠い目をこすりながら、ホテルから代々木本校の校舎に向かう少し厳しい日々だったが、なんとかそれを乗り切っていった。ホテルで夕食、朝食を食べることが出来、そして部屋もきちんと取って頂いたのは、今回が初めてだった。

　1984年(昭和59年)10月16日、日本教育研究連合会より「放送英語の教育的効果に関する研究」で表彰されることになり、広島から上京することになった。

　東京に数日間泊まり、帰りがけに長谷川先生に電話した。先生は「私の仕事場は茗荷谷にあるので、寄っていきませんか」

と言われるので、先生の所に寄った。

　すると先生の仕事場の下の部屋が客間のようになっていたので、そこに一晩泊めていただいた。放送英語の論文の件でいろいろ検討を重ねていった。それから数日後、栃木の田舎に立ち寄り、数日過ごして広島に戻っていった。

　それから数週間経った或る晩のことだった。

　突然、家から電話が掛かってきて父親が交通事故にあって重傷を負ったとの連絡を受けた。つい数週間前に一度家に帰った時は元気だったのにと思いながら、私は再び栃木に戻ることになった。父親は重傷だった。相手は酔っ払い運転の車で、父はたまたま親類の人達と結婚式の帰りだった。

　車の列に酔っ払い運転の車が玉突き衝突のようなかたちでぶつかってきたので、ひとたまりもなかった。

　父は車の助手席に乗っていたが、フロントガラスに顔を突っ込んでしまい、両目の中にガラスの破片が入り込んで、両方の目が見えなくなるのではなかろうかというような状態だった。

　顔にも大きな傷を数ヶ所負い、飯田橋の警察病院で整形手術を受けなければいけない程の重傷だった。

　私は非常にショックを受けた。「このまま父の目が見えなくなってしまったらどうしようか」と思い、途方に暮れて夜も眠れないような状態だった。父を見舞った後、私は東京に来たついでもあって、長谷川先生のところに電話を入れた。

　父のことを話すと先生は非常に心配なさって「お父さんのと

ころに帰ってあげたらいいのに」と言われた。

　でも、東京に就職が見つかるわけはなく、その時は途方に暮れていた。すると、長谷川先生は「**大東文化大学外国語学部英語学科で、年齢が35歳以下の放送英語の専任講師を1名公募する話があって、今月『英語教育』や『英語青年』に公募が載る**ことになっているんですが、もしよろしければ、出願したらいいんじゃないですか。駄目で元々と思ってやるだけやってごらんなさいよ。お父さんもこんなような状態だから・・・」と言われた。でも私には福山大学教授の加藤先生に対する義理があった。たった一年しか勤めていないのに、福山大学を去るなどということは、決して許されないことだと思った。

　しかし、父がこのような状態であるので、父の残された人生を楽しく遅らせてあげることが、私に与えられたひとつの使命ではないだろうかと迷った。

　父の事故の状況から見て、もはや目が元に戻ることはないと思った。身体の方もかなり弱っていたのでとても不安だった。

　私は一か八か大東文化大学外国語学部の公募に賭けてみようという気持ちになった。その時には、例え出願しても東京にある大学の人事が極めて厳しいということを知っていたので、絶対に無理ではなかろうかと思っていた。しかし35歳以下の年齢制限を見ると私の33歳の年齢は、ぎりぎりだった。このようなチャンスは二度とないと思った。一応、結果が出てから考えようと思いながら、公募に出願することにした。

数ヶ月後、面接をするから東京に出てくるようにという通知があった。私は東京に出掛けて行った。秋の日のことだった。大学のキャンパスは晩秋を迎え、木々の葉は色づき始め、紅葉がとてもきれいだった。ちょうど大学祭であったので、学生達が楽しそうにキャンパスを歩いていた。

　面接の時に、「どうして東京に来ようという気持ちになったのですか？」と聞かれたので、「父親が今、交通事故で飯田橋の警察病院に入院しているので、私はどうしてもこちらに帰ってきたいのです」と言った。

　すると先生方は「それは大変ですね」と言って下さった。結果は合格だった。

1985年4月。私は34才で東京の大東文化大学外国語学部英語学科の専任講師になった。

　福山大学の加藤先生には大変申し訳ないことをしてしまった。だが、父の状態を考えると、どうしても東京に帰らなければならなかった。

　たった一年で今まで慣れ親しんだ福山大学を去るなどということはとても寂しいことだった。私は心から福山大学を愛していた。しかし、**人生にはどうにもならないことがある。ここは重大な決断を要した。恩人に対する義理を取るか、親に対する恩を取るか、かなりのジレンマで悩んだ。**

だが、私の両親はこの世にふたりしかおらず、この両親の心の支えになりたいと思い、東京に出る決心をしたのだった。

> みんなに受け入れられなくても、自分の確信に固執するには、信念と勇気が必要だ。(フロム)
>
> **To stick to one's convictions even though they are unpopular, all this requires faith and courage.**

> 信念に従って生きるということは、生産的に生きるということである。(フロム)
>
> **To live by our faith means to live productively.**

> 他人との関係において精神を集中させることは、何よりもまず、相手の話を聴くということである。(フロム)
>
> **To be concentrated in relation to others means primarily to be able to listen.**

> 客観的に考える能力、それが理性である。理性の基盤となる感情面の姿勢が謙虚さである。(フロム)
>
> **The faculty to think objectively is *reason*; the emotional attitude behind reason is that of *humanity*.**

夢によって、私達は子供の段階に戻ることが出来ることを知った。このことから、無意識は小児性だということがわかる。

（フロイト）

The dream nightly leads us back to this infantile stage. Thus it becomes more certain that the unconscious in our psychic life is the infantile.

二人の子供の年齢の差が少ない時には、精神活動が目覚めると、子供は、早くも競争相手を見つけて、新しい状況に適応する。

（フロイト）

If the difference in age is less, the child learns of the existence of the rival and accommodates himself to the new situation.

小さい子供は、自分の兄弟姉妹に対して、必ずしも愛の感情を抱いているとは限らない。心の中で、競争相手を憎でいるのは疑いない。（フロイト）

The little child does not necessary love his brothers and sisters. There is no doubt that in him he hates his rivals.

第 15 章

人間の運命（10）

もし、あの日、南雲堂に電話してなかったら

1985年4月。大東文化大学の授業が始まった。同時に、代々木ゼミナール本校講師として、本格的に予備校での活動を始めていった。代々木ゼミナール本校の授業は、週に一回だったが、生徒はいつも満員で毎日、とても充実した気持ちで過ごした。

当時の代ゼミ本校の講師はスターが多かった。特に英語の佐藤忠志先生は、「金ピカ先生」としても有名だったが、彼が代々木ライブラリーから出した『ゲリラ式英単語』を代ゼミの講師控え室で拝見した時、自分でも本が出せると確信した。

1985年12月、私は大学の英語の教科書を採用する為に南雲堂に電話を入れた。夜の8時半頃だったので、たぶん社員が誰もいないんじゃないかと思いながら、電話を入れた。すると意に反して男の人が電話に出られた。

「実は長谷川先生の教科書を使いたいのですが、何点か見本を送っていただけませんか」「えーと、長谷川先生は沢山書かれているから、選ぶのが大変ですよ」

「ええ、でもその中から何点か選ぼうと思って」

「長谷川先生とは、どういうお付き合いですか」と聞かれるので、私はこれまでの長谷川先生とのいきさつなどを話した。

するとその方は「私は営業部長の佐藤といいます。一度うちの出版社に遊びにいらっしゃいませんか」と言った。

当時の私にとっては南雲堂という出版社は敷居があまりにも高く、自分のことなどは決して受け入れてくれないような出版社だと思っていたので「遊びに来ませんか」などと気楽に部長

に言われるなどとは思っていなかった。

「ええ、じゃ、お伺いいたします。南雲堂は、東大教授の研究書などをたくさん出版しているんでしょう。敷居が高いので行きにくいのですけど」と私が言うと、佐藤部長は笑いながら、「いえいえ、気楽にいらっしゃってください。いつにしますか？」と言うので「じゃ、早ければ早いほどいいので、明日行きましょうか」と言ったら、部長はちょっと戸惑いながら「ええ、いいですよ、明日、夕方6時にお会いしましょうか」と言うのだった。私は6時に南雲堂に出向いて行った。佐藤武司部長は「先生は今、代々木ゼミナールでも教えていらっしゃるんですか、そして英検の面接委員などもやってらっしゃるなんて、随分活躍なさってますね」と言った。そして驚いたことに「本を一冊うちから出す気はありませんか」と言った。私は、最初、耳を疑った。それと同時に**代ゼミの佐藤忠志氏が出した英語本が脳裏をかすめた。自分と同年代の34才の彼に本が出せるなら、自分にもできるだろうと確信が持てた。彼の存在が私の心に火を付けたのだ。**

「どんな本を出したらいいのですか」訊くと、

「『あらゆる試験に出る英単語』というのはどうでしょうか、英検にも入学試験にも就職試験にも、全ての試験に出るような英単語というものを書くことはできませんか」と言った。私はちょっと戸惑った。だが、こんな機会は滅多にないので、「ええ、やってみましょう」と返事をした。

早速その英単語の単行本に取り組んだ。しかし、英検や入学試験にでる英単語は二通りに分けた方がよいと思い、電話をした。すると部長は「ええ、じゃ、受験と英検、別々に作ってください。熟語もついでにいきましょうよ」と言った。私は驚いた。胸をときめかせながら、出版に取り組んだ。本が完成した。最初の本は『入試に毎年でる英単語』といったタイトルの本だった。装丁とイラストは妻の葉子が描いてくれた。代々木ゼミナールと河合塾で自分が生徒を教えていた経験を生かして、初めて書いた本だった。

　1986年8月。その本が店頭に並ぶや否や、ものすごい勢いで本が動いた。これには南雲堂の方がむしろ驚いた。「ベストセラーじゃないか」と言うので、ぼくも自信を持った。次に『入試に毎年でる英熟語』が出た。これもかなりのヒットだった。こんなに本がヒットするなんて思ってもいなかった。「南雲堂は『英検』の方も書いて下さい」と言って頼んできた。あれよあれよという間に何と南雲堂から私の著書が数年間で、20冊を越えるほど出版されてしまった。こんな事は前代未聞のことだった。私が出版のチャンスというものを掴むことができたのは、やはり代々木ゼミナールや河合塾で教えている経験が大きな要因だった。次から次へと原稿を書いていった。その結果、南雲堂の収容能力を超えてしまった。私は書きためておいた原稿を徳間書店、明日香出版、中経出版、日本実業出版、実業の日本社、講談社、PHP、宝島社、学研、青春出版などに入れ

ることになった。店頭に置かれたとたんに、圧倒的な勢いで売れていった。

このような状況にあると、精神的な地獄を味わうことになる。**大学は、嫉妬の世界だ。予備校やマスコミで活躍して、著書の出版点数が多くなるにつれて、専任校で精神的な嫌がらせを受けるようになった。**私は、大東文化大学専任講師と兼任で、母校の立教大学でも非常勤講師として英語を教えていた。

立教大学の学生相談室には、当時、心療内科医の篠田教授がいらっしゃった。精神的に追い詰められた私は、思い切って、学生相談所の扉を叩いた。

篠田教授は、私の話を聞いてくださった。そして、次のようなアドバイスをしてくださった。「**君は、今、有名税や幸せ税を払っているんだよ。30代なのに、こんなに本を出版したら、それに対して、有名税や幸せ税がかかってくるのは当然だ。君は恵まれすぎているんだよ。**

今の苦しみから逃れるには、2つの方法がある。1つは、本を書くのをやめて、教授達のご機嫌取りになることだ。そうしたら、誰も君をいじめないよ。もう一つは、教授達から嫌われても、我が道をゆく。どんどん本を書いていく。この2つのどちらかだ。俺だったら、本を書きまくるだろうな。せっかくのチャンスなんだから。君に嫌がらせをしている教授達の方が、苦しいと思うよ。多分、嫉妬に狂って、病気になるだろうな。」

私は、アドラーの言葉を思い出した。「**自分の人生は、自分**

のためにある。他人のための人生ではないのだから。そして、他人もまた、その人の人生を生きているので、こちらの期待を満たすために生きているのではないのだ。」(アドラー)そして、本を書き続ける決心をした。

　私にとって代々木ゼミナールとか河合塾を始めとする予備校でのこれまでの授業の準備と教える経験が私にとって一番よい英語の勉強だった。何故ならばお金を貰って人に教えるということは極めて責任が重大なことなので一生懸命、準備をしなければならないからでだ。しかし、結果的にはそれが素晴らしい勉強になった。人間というものはお金を払って授業を聞いているうちはなかなか実力が付きにくいものだが、いざ自分が教壇に立って人に何かを教えるとなると、その責任感から勉強することになる。これほど大きな勉強になることはないのである。人間は教えているうちに学ぶなどということを中学三年生の卒業式の色紙に大きな字で書いたことを覚えているが、まさにこの通りだと思う。」

　代々木ゼミナールでは3年間教えたが、生徒はよく授業に出てきてくれた。
　いろいろ感激することが沢山あったが、やはり特に感激したのは、雨が非常に強く降った日のことだった。
「今日はこんなに雨が降るんだから生徒はさぞかし出てきて

ないんじゃないか」と思いながら、静かな廊下を歩いて行った。

　でも教室のドアを開けてみると、なんと五百人ぐらいの生徒がずらりと並んでいて、教室が満員だった。この時は私は目頭が熱くなる思いだった。

　「君達はこの雨の中を出て来てくれたのか。2時間以上かけてこの予備校に来ている人、ちょっと手を上げてごらん」と言ったら、10分の1程いるではないか。

　「なんと片道を2時間かけてこの雨の中、私の授業を聴きに来てくれる人がいる。こんな素晴らしいことがこの世にあるのだろうか」と思い、深く感動した。

　「これだから予備校の先生はやったらやめられない」と思った。**一クラス500人前後の生徒が、強い雨の中、傘をさしながら、満員電車に揺られながら、朝一限の9時の授業にほとんど全員出席なんて、こんなことは、あまりあることではない。**

　そして真剣な眼差しで私の授業を一心に聞いてくれている。その姿には何か凄い迫力がある。この生徒達の為にも発音ひとつ、アクセントひとつ間違えてはいけないのだ。文法の説明も全員に解るようにきちんとやらなければいけない。非常に緊迫した時間だった。しかしその緊迫した時間の後には極めて充実した時間が必ず待っている。

　「あー、今日も一日しっかりと仕事をした」といったような、何とも言えないような充実感というものがひしひしと湧いてきた。

代々木ゼミナールへは週1回2コマの出講だったが、満員電車に揺られ第一限目から教壇に立たなければならないという精神的、肉体的なストレスというものが徐々に蓄積され、もうこれ以上、自分はこの仕事を持続する事ができないと思い始めるようになった。

　何故ならば大学の方の授業ももっと、納得のいく濃厚なものにしたいと常に考えていたので、予備校の方ばかりに精力を注ぐことはもはや許されない事だと思ったからだ。

　しかしスタッフの方からは「もっとコマ数を増やしてください」と言う声がしきりに出てきた。いつの間にか私は、受験界の売れっ子講師の一人になっていた。

　ある日、一限目の授業を終えて、講師控室に向かうためにエレベーターに乗ろうとしたら、私の教室の7階まで、なかなかエレベーターが上がって来なかった。仕方なく7階から1階まで、階段を降りていった。

　次の授業を待っている生徒達が階段に長蛇の列を作って7階から1階の入口まで、4列縦隊に並んで、びっしりと続いていた。

　私は、あまりの凄さにびっくりして、「君達、何先生の授業を待っているの？すごいなー、こんなに多くの生徒が並ぶなんて・・・」と言ったら、生徒達が「次は小池先生の授業ですよ」と答えたのには驚いた。

　こんなにも多くの生徒達が長い列を作って、私の授業に出てくれるなんて、自分は最高に幸せ者だと思った。

でも、どうしても週に一回以上、代ゼミの本校での授業は無理だと思った。

　思案の末、土曜日の午前中だけ2コマを代々木ゼミナールでやることに決めた。何故ならば私が出版した本の帯には『代ゼミ・河合塾講師の経験を生かした小池の英語』などと書かれているので、代々木ゼミナールはどうしても辞めるわけにはいかなかった。

　しかし教壇に立つ以上、最高の授業をやらなければいけないと思い、授業には誠心誠意努力した。

　土曜日の午前中90分の二コマの授業に計約1000人の学生が押し寄せた。

　しかし、人間というものは惜しまれて去ると言われるが、その通りだと思う。私は人気が最高潮に達したある日、代々木ゼミナールの教壇を去って行った。

　代々木ゼミナールも河合塾も私にとって『生徒をいかに教えるか』といったような重大な課題を教えてくれた。更に人生勉強もさせて頂いたと心から感謝している。予備校をいかにも裏街道のように言うような人がいるかもしれないが、しかし英語教育をするうえにおいては大学の先生も予備校の先生も同じだと思う。

　予備校は私の人生にとって、かけがいの無い存在だった。大学院の授業料や生活費も稼ぐことができた。英語の力も伸ばすことができた。そして、また何よりも人との素晴らしい出会い、

生徒との出会いというものがあった。

今日の私の人生は河合塾、代々木ゼミナール、東進ハイスクール、広島YMCA、加計学園・英数学館予備校など数々の予備校の存在なくしてはあり得なかったと思う。

誠心誠意、予備校での授業に力を注ぎ、そしてまた大学での英語教育に力を注ぐことの結果として、多くの本が出版された。このことに対して私は心から感謝している。

本当の英語教育というものは大学や高校のみでなく予備校や塾、家庭教師なども総合した中で、考えられなければいけないと思う。

例えば英語の場合には英語を訳すひとつのコツとか、或いは英語を喋るときのひとつのセンテンスの覚え方、或いは単語の覚え方などに関しては、英単語は語源を通して覚えると非常に覚えやすい方法を教えることだと思う。

例えばprospectはpro＝前、spect＝見る、で前を見るという意味から「記憶」をするという意味になる。

従ってretrospectはretro＝後ろ、spect＝見る、という意味から、昔を思い浮べる→回想する、といったような意味になる。そういった単語の覚え方は決して大学入試のためのテクニックでも何でもない。それは単語を覚える時に当然やらなければいけないことなのだ。そしてまた、**英語をきれいな日本語に訳す場合、無生物主語の訳し方のひとつのルールがある。これは通訳する場合にも、翻訳をする場合にも全て当てはま**

ることなのだ。だからただ単なる受験のテクニックでなく、広く英語を使いこなすためにはこのような技量というものが要求されるので、受験勉強に於いても大学の教育の場に於いても、高校の教育の場に於いても全て共通するものなのだ。

「人生の意味は、全体への貢献である」とアドラーはいっている。つまり、一人の人間として、社会に対して、どれだけ貢献しているかが大切なことなのだ。

例えば、ある一冊の本が読者に生きる希望や、生きるヒントを与えたような場合、その本を書いた著者やその本の出版社の社員は、社会全体に貢献したことになるという意味だ。

一冊の本を書くときに、著者は読者の心の中に一筋の光を投げかけるような気持ちを込めていまる。正に、野球で言えば、「一球入魂」の境地といえるだろう。「社会全体に貢献しよう」などと偉そうなことをいうわけではない。ただ、この本を読んでくれる読者が、この本を読んで、本当に良かったと感じてくれることを祈りながら著者は、筆を走らせているに過ぎないのである。

作曲者や、その曲を演奏する人達も、私と同じような想いを抱いていることだと思う。

自分が作曲した曲、演奏する曲が多くの人達の心に感動や生きる勇気を与えることが、彼らの原動力となるのである。つまり、彼らの人生の意味も社会全体への貢献にあるのである。

あらゆる職業に従事する人たちも、自分たちの仕事が結果的

には社会に貢献していることに生きがいを感じているのである。

　自分自身の存在が、社会全体に貢献しているところに人生の意味があるのだと思う。

　言葉によって、人間は考えることが出来るのである。言葉の力によって、人は他人を喜ばせ、幸せな気持にさせることが出来る。人を勇気づけ、励まし、希望を持たせ、やる気を起こさせることが出来る。感動させ、有頂天にさせることも出来る。

　その反面、人を絶望の淵に追い詰め、悲しませ、やる気をなくさせ、生きる希望を失わせ, 死に至らしめることもあるのだ。

　言葉を通して、教師は学生にを知識を与え、生きる道を説き、政治家は、言葉を通して聴衆を魅了し政治的判断を下させるのである。言葉を失ったとき、政治家は権力や影響力を失うのだ。

　フロイトは「言葉の起源は魔術であり、今日で魔力を持っている。言葉は感情に火をつける。言葉は人類を相互に結び付け、あるいは離反させる手段になっている。」といっているが、正にその通りだと思う。言葉は人の心に情熱や感動を呼び起こすことが出来るが、一方では凶器にもなるのである。

　本を書くという行為は、著者が言葉を通して、読者に対して自分の考えや知識を伝えることだ。著者は、読者と一対一で対話しながら原稿を書き進めている。言葉は心と心の架け橋になっているのである。

人生の意味は全体への貢献である（アドラー）

Life means making a contribution to the whole.

言葉の起源は魔術である。今日でも言葉はその古い魔力を多分に持っている。（フロイト）

Words were originally magic, and the word retains much of its old magical power even today.

罪や過ちや失敗は、我々にとって必要なものである。そうしたものがなければ、我々は発展への貴重な誘因(ゆういん)を奪われてしまうことになる。（ユング）

Our sins and errors and mistakes are necessary to us, otherwise we are deprived of the most precious incentives to development.

夢の作用の本質は、思想を幻覚的な体験に変えることである
（フロイト）

The dream-work consists essentially in the transportation of thoughts into an hallucinatory experience.

感情転移は治療の初めから患者にあって、しばらくの間は治療という仕事の最も強力な原動力である。（フロイト）

The transference occurs in the patient at the very outset of the treatment and is, for a time ,the strongest impetus to work.

感情転移は、ある時は狂おしいような愛の渇きという姿で現れ、ある時は穏やかな姿で現れる。（フロイト）

Transference may occur as a stormy demand for love or in a more moderate form.

若い娘が、二人きりになって、心の秘密を打ち明けることのできる男に恋することがある（フロイト）

A girl should fall in love with a man with whom she is alone a great deal, with whom she discusses intimate matters.

第16章

人間の運命（11）

もし、あの時、バブルを経験してなかったら

1990年（平成2年）秋、東進ハイスクール理事長の永瀬昭幸氏から大学受験生用の英語構文、英文法頻出問題、センター試験、英単語、英熟語などの参考書の出版を依頼された。

当時、東進ハイスクールは新進気鋭の予備校として , 本格的に受験界に進出してきて、数年ほどだったが、受験生の総数は、すでに13,000人を超える勢いだった。当時はバブルの頂点で、大学受験者数も200万人を超えていた。この時の原稿とデータ分析を基盤として出版されたのが、実業之日本社の「小池の英語」シリーズ10冊である。

1991年（平成3年）4月から一年間、カリフォルニア大学ロサンゼルス校（UCLA）の客員研究員として、「放送英語を教材とした英語教育の研究」に専念した。

この研究成果と映画を教材とした英語教育の研究成果を学会で発表し、論文としてまとめた。

1993年大東文化大学外国語学部助教授となり、翌年、NHK教育テレビ講師となった。

大学の授業は「放送英語」を担当し、ゼミは「アメリカ映画を教材とした英語教育」を行った。英検やTOEICテストの対策にも力を注いだ。

授業やゼミのために作成したハンドアウトや参考資料を基にして作成、出版されたのが、2001年11月から出版された『別冊宝島の使える英語シリーズ』（小池）、2002年12月から出版された『学研ムック・シリーズ』（小池）である。

これは、2003年（平成15年）3月、文部科学省が提唱した『「英語が使える日本人」の育成のための行動計画』によって、「使える英語」に対する社会的ニーズが高まったことにも原因があったのではないだろうか。

　アメリカから帰国後、1992年4月から東進ハイスクールなどの予備校などでも教えたが、バブルが弾けて、受験生の数も減少に転じた。その結果、受験参考書の需要も下火になった。

　当時、大学の授業でも英検、TOEICテストの対策にも全力を尽くして取り組み、英検面接委員も務めていた。

　その経験を生かして、英検受験シリーズ、TOEICテスト受験シリーズを南雲堂、北星堂、実業之日本社、ソフトバンククリエイティブ、朝日出版、アルク、ジャパンタイムズ、祥伝社、主婦の友社、学研、宝島社など数社出版から単行本や大学テキストとして出版した。

　大学の授業の英語教育の実践研究を海外の国際学会で発表した論文や日本教科教育学会誌に掲載された論文などを基幹として研究書として出版したのが、『放送英語を教材とした英語教育の研究』（北星堂）『放送英語と英語教育の研究』（北星堂）『放送英語と新聞英語の研究』（北星堂）である。

　2001年4月相模女子大学教授となり、特に「アメリカ映画を教材とした英語教育」に本格的に取り組んだ。2003年〜2004年の2年間、英字新聞『ASAHI WEEKLY』（朝日新聞社）のコラムを計96回にわたって連載した。多くの人達に、映画

を通して「使える英語」を身につけて欲しいと考えて、原稿を掲載した月刊誌は、以下の通りである。

『別冊宝島の使える英語シリーズ』、『学研ムック・シリーズ』、『日経WOMAN』（日本経済新聞社）、『月刊東洋経済』（東洋経済新報）や『The 21』（PHP）、『Get Navi』（学研）

2005年4月、就実大学人文科学部実践英語学科教授・大学院教授（修士論文指導教授）となった。

大学院教授（修士論文指導教授）、いわゆる㊉**教授の審査の主論文は『放送英語を教材とした英語教育の研究』（北星堂）**であった。就実大学（岡山市）に在職中の11年間で、137冊の本を出版した。2016年3月、定年退職後、更に12冊が出版されている。

これらの本は、大学での授業のための教材作成やゼミ、公開授業などのための教材作成・資料収集を通して生み出されたものである。多くの本を出版できたのは、大学や予備校での授業の教材作成や学生・社会人に対する動機づけの在り方を研究した結果生まれたものである。

英語学習に対する社会のニーズを社会心理学的視点から分析することと、学習者のニーズと英語学習の動機づけを学習心理学的視点から分析することが大切である。

また、自分の専門である放送英語、新聞英語、映画英語を教材とする英語教育の研究成果が英語本を出版する際に、生かされるよう絶えず努力を重ねてきた。

大学で教育・研究を続けながら多くの著書を出版することが出来たのは、編集に協力して下さった佐藤誠司氏、落合英里子氏をはじめとする多くの人達のお蔭である。

　1986年3月に最初の大学教科書を出版した時から今日まで、30年以上にわたって貴重な出版・人生のアドバイスをして下さった藤平英一氏（英光社社長）と「折れそうな心」を力強く支えて下さった山岸勝榮先生（明海大学名誉教授）にも心から感謝したい。

　もしも、英語と彼等との出会いがなかったら、私の人生は悲惨なものになっていたに違いない。

　この本の中では、アドラー以外にも、自分の人生を生き抜く際に、心の支えとなった、心に残る名言を取り上げてみた。

　4人の心理学者（フロイト、アドラー、ユング、フロム）の言葉は、複雑な、ストレスに満ちた現代社会に生きる我々に対して、生きるヒントを与えてくれるだろう。

　以下、簡単にフロイト、アドラー、ユング、フロムの人生と本書の中で引用した名言の出典を紹介する。

　フロイト（1856〜1939）は「精神分析学」を確立した。
　アドラー（1870〜1937）は「個人心理学」を確立した。
　ユング（1875〜1961）は「分析心理学」を確立した。
　フロム（1900〜1980）は「社会心理学」を確立した。

この本で扱った名言の出典は、次の4点である。

ANALYTICAL PSYCHOLOGY（ユング）、

A General Introduction to Psychoanalysis（フロイト）、

What Life Should Mean to You（アドラー）、

THE ART OF LOVING（フロム）

ANALYTICAL PSYCHOLOGY はユングが1935年にロンドンで行った5回にわたる講義の記録を基にして編集されているので、英文も読みやすく、内容も分り易く書かれている。彼の分析心理学の核となる部分が分かり易く説明されている。

A General Introduction to Psychoanalysis も、フロイトが医師や社会人を対象に行った講義の内容を基にして書かれているので、とても分かり易く、フロイトの人間臭い人柄がにじみ出ているような英文である。ドイツ語を英訳した本ですが、内容も英文も分り易いので、タイムスリップして、フロイトの講義を英語で聴いているような、楽しい気持ちになるだろう。

What Life Should Mean to You は、ウィーン生まれで、ドイツ語を母国語とするアドラーが初めて英語を使って書いた著書である。

アドラーの著書の多くは、講義ノートや講演記録を中心に編集者がまとめたものとされているが、最終的には彼自身、丹念に原稿を遂行し、完成させた作品であることは言うまでもない。

この本の英語がシンプルで、読みやすいのは、講義や講演のなかで使われている話し言葉が基調になっているからである。

THE ART OF LOVING は、アメリカで出版されたが、すぐにベストセラーとなり、その後17か国語に翻訳され、今日でも世界中で愛読されている本ですある。この本の著者エーリッヒ・フロムは、フロイトの影響を受けているが、マルクスやマックス・ウェーバーの経済学、社会学の影響も受けている。彼の著作である『自由からの逃走』は、あまりにも有名である。

フロイトの理論は20世紀の心理学や精神医学のみならず、哲学、文学などを含めた幅広い世界に多大な影響を与えて来た。

ユング、アドラーやフロムもフロイトの影響を受けていた。**しかしユングは、無意識の概念を個人的なレベルから普遍的無意識へと高めて、フロイトから離脱して、「分析心理学」を確立した。**

フロイトが、性的な欲動の抑圧を神経症の原因として重視するのに対して、アドラーは劣等感の影響を強調した。「劣等感」は、他人と比較するから生じるものである。つまり、多くの人間がかかわっている社会がなければ劣等感は生じないのである。アドラーの理論は社会が人間の精神に与える影響や対人関係の影響を重視するもので、人間を社会的存在と捉えることを基本としている点が特徴である。アドラーは、「全ての悩みの根源は対人関係である」と言っている。

アドラーが構築したのは、「個人心理学」だ。「個人＝

individual」とは、もともと「分割できない」という意味である。アドラーは、一人ひとりの個人を「それ以上は分割できない存在」と考えている。これに対してフロイトは、人間の心を3つに分けた。局所論では「意識・前意識・無意識」に分け、構造論では「エス・自我・超自我」に分割した。フロイトとアドラーの決定的な見解の相違は、フロイトが人間の行動を「原因」から説明するのに対して、アドラーは「目的」から説明した方がよいと考えている点である。

　また、**フロイトが人間の心の在り方が幼児期に決まると考えて、「過去」の時点に固執するのに対して、アドラーは、変えることのできない過去にこだわるのではなく、これから変えることが出来る「現在」や「未来」に目を向けた方が良いと考えたのである。**

　フロムもフロイトの影響を受けた一人であるが、もともとはドイツの社会心理学者・精神分析家で、フロイトの直接の弟子ではない。「フロイトには、社会構造への考察が欠けている」というのがフロムの考えである。*THE ART OF LOVING*は愛について明瞭に分析したものである。**フロムは、本質的には宗教的であり、人間と人間の信頼関係は回復できるという立場に立っている。人間の将来については楽観的である点と人間を社会的存在と捉えている点がアドラーと共通しているのである。**

> 若い娘は、年配の男（精神科医）に対して、恋人になりたいという願望の代わりに、彼の娘になって可愛がられたいという願望を抱くのかもしれない。（フロイト）
>
> In place of the desire to be his mistress, the young girl may wish to be adopted as the favored daughter of the old man.

> 赤ん坊と子供の年齢の差が8歳以上の場合、特に女の子には、早くも赤ん坊を気遣う母性的な衝動が現れることがある。
> （フロイト）
>
> If the difference in age is eight or more, motherly impulse especially in the case of girls, may come into play.

> 小さい男の子は、母を独占しようとし、父の存在を邪魔に感じるようになるのが簡単に見て取れるだろう。（フロイト）
>
> One may easily see that the little boy would like to have the mother all to himself and that he finds the presence of his father disturbing.

男の子は、不誠実な母親の代用として、妹を愛情の対象とすることがある。(フロイト)

The boy may take his sister as the object for his love, to replace his faithless mother.

激しい喧嘩のないような子供部屋は多分ないだろう。喧嘩の動機は両親の愛の奪い合いである。(フロイト)

Probably no nurseries are free from mighty conflicts among the inhabitants. The motives are rivalry for the love of the parents.

兄弟の序列における子供の位置というものは、その子の後の人生を形成する上で非常に重要な因子である。(フロイト)

The position of a child in the sequence of his brothers and sisters is of utmost importance for the entire course of his later life.

第17章

『アドラー心理学の要点』と『アドラーの言葉』

◆ アドラー心理学の要点 ◆

(1)「楽観主義」は「楽天主義」ではない

　アドラーのいう楽観主義とは、目の前の現実から目を反らさず、「出来るかどうか分からないが、一生懸命にダメモトでやってみよう。今回は失敗しても、失敗の経験を生かして次回こそ成功しようと努力する」ことである。

　これは、例えば英検２級を受験する時に、同時に英検準１級を受験する願書を出す場合に当てはまるように思える。

　楽観主義の人であれば、「英検準１級に合格出来るかどうか分からないが、とりあえず受験してみなければ何も始まらない。全力を傾けて一生懸命に、ダメモトでやってみよう。」と考えて、英検２級を受験すると同時に、英検準１級の願書を出すだろう。

　たとえ、英検準１級に不合格になったとしても、そのために一生懸命頑張った結果、努力を重ねて身に付けた英語力は着実に蓄積されて、この失敗の経験は次回の挑戦に100％生かされる。「英語と努力は決して裏切らない」と私は信じている。これが**アドラーのいう楽観主義である。**

　楽観主義と楽天主義とは、明確に異なるのである。

　楽天主義の場合だと、合格する実力もないのに自分勝手に「私は絶対に合格できる！」と一方的に思い込み、失敗すると自尊心を傷つけられ、「自分は、ダメな人間だ。」「バ

イトが忙しくて、受験の準備をする環境に恵まれていなかった。」などと、自分の失敗の原因を外在的な要因に求める傾向がある。

同じ不幸な状況や境遇、恵まれない環境の中でも、自分を取り囲んでいるマイナスの状況をプラス思考で受け止めて、成長の糧、飛躍の礎石としてしまうポジティブな生き方のできる人がいる。そのような人に共通するのは、失敗を恐れず、ダメモトで挑戦する楽観主義である。失敗してもその時点から再出発すればいいのである。

楽観主義は人間には誰にでも潜在的に備わっているものだが、現代人は様々なストレスに押し潰されてしまっている結果、この潜在能力が弱められ、忘れられてしまう傾向がある。その結果、心身ともに疲れてしまい、逆境を前にしたときには心が折れてしまい、精神疾患に陥ってしまうこともある。

(2) 不幸な経験をどう意味づけるかによって、その後の生き方や行動が大きく変わってくる

「画家や詩人たちの中には、視力が十分でない人の占める割合が高いということが一般的に知られている。これらの不完全さは、心をよく鍛えることによって克服され、ついには完全な視力を持った他者よりも、目をより良い目的のために用いることが出来るようになるだろう。」(アドラー)

何らかのハンディキャップを持っている人は、そこから生じるマイナスを何かで「補償」しようとする（プラスに変えて、向上する）。

　「不幸な経験」をどう意味づけるかによって、その後の生き方や行動が大きく変わってくるのである。

　アドラー自身、幼少期において「くる病」という身体的ハンディキャップを抱えていたが、逆境を克服して人類に多大な貢献をした。

　身体的なハンディキャップをアドラーは「**器官劣等性**」**と名付けた。「器官劣等性」は、ライフスタイルに大きな影響を与えるが、このハンディをバネにして自己成長し、多大な成功を成し遂げた偉大な人物がいる。**

　例えば、作曲家のベートーベンはある時期から耳が聞こえなくなった。発明王のエジソンは耳が不自由だった。彼は3か月通っただけで小学校を退学してしまい、その後いっさい学校に通っていない。「**学校に行かなかったことと聴力が低下したことは、私の人生の宝物になった。ハンディキャップは私の宝物だ。**」と彼は言っている。

　「光の画家」と呼ばれたモネは、『睡蓮』の連作だけでも200点以上の作品を残したが、晩年は白内障を患い、失明寸前の状態にあった。しかしその後も抽象的な、たくさんの素晴らしい作品を残した。

　事故で右手を失い、左手一本で大リーガーとして活躍し

たピート・グレイは、多くの人々に対して多大な生きる勇気を与えてくれた。

また、環境的な面でのハンディを克服した偉大な人物としては、苦学の末に大統領になったリンカーン。貧しくて学校に行けなかったにも拘らず偉業を成し遂げた人物として、無学の天才と呼ばれたフランスの思想家ジャン゠ジャック・ルソーや二宮尊徳、田中角栄、松下幸之助など数え切れない。

(3) 挫折から学び、今後の人生に生かそう

「**いかなる経験も、それ自体では成功の原因でも失敗の原因でもない。我々は過去の経験による衝撃、いわゆるトラウマ（心的外傷）に苦しめられるのではなく、過去の経験の中から、自分の人生の目的に合ったものを選択するのである。**」（アドラー）

過去のマイナスの経験がトラウマ（心的外傷）になるが、後の人生において成功するための礎石となるかは、その経験の受け止め方によって異なるのだ。

例えば、幼児期に親から虐待された経験のある子供や、小学生の時にイジメにあった体験など、マイナスの経験のある子供がトラウマ（心的外傷）を受けて、社会に適応できなくなり、大人になっても暗い過去を引きづっていると

いう話を時々、耳にすることもあるが、実際には同じようなマイナスの経験をしても、その経験をプラスの経験として受け止めて、後の人生の飛躍の礎石とする人もいる。

どのような経験をしたかというよりも、その経験や環境をどのように自分なりに受け止めたか、認知したかということが大切なのである。（「認知論」）

同じ逆境を経験しても、前向きに生きている人や、**レジリエンス（resilience）の強い人は、マイナスの経験や、逆境をプラスの経験として受け止めることが出来るのである。**

レジリエンス（resilience）とは、身体の病気に例えれば病気になっても、重症を負っても、体力や蘇生力、抵抗力、復元力が強い人は、短時間で元気で健康な身体を取り戻し、以前にもまして強健な身体を創り上げるようなものである。精神的な視点から観ると、**レジリエンス（resilience）とは「逆境を跳ね返す力」「逆境や強いストレスにあっても、折れずに、復元できる力」**を意味する。

現代社会において、私達は、様々な複雑な人間関係、社会情勢のなかで生活しているので様々な逆境やストレスに直面している。しかし、逆境やストレスを逆手にとって、飛躍するチャンスとして受け止め、プラスの経験として成長の糧としてしまうような前向きな生き方、考え方をする習慣をつけることが大切である。この姿勢を支えるのがレジリエンスである。

(4) 劣等感をプラスの方向に向けるか、マイナスの方向に向けるかは自分次第だ

アドラーは、他者と自分との比較で劣等感を感じるのではなく、現実の自分と自分の目標とのギャップに対して抱くマイナスの感情も劣等感と考えた。

つまり、アドラーは、劣等感を目標に向かって前進するための刺激、原動力、プラスのエネルギーと考えたのである。

これは、決して悪いことではない。劣等感は目標に向かって努力をし、人生をより良くしようとしている結果として抱く感情なのである。劣等感をバネにして飛躍すればいいのである。

この劣等感をプラスの方向に向けるか、マイナスの方向に向けるかは自分次第である。劣等感に対処する際に、相手に対して、嫉妬心（マイナスの感情）を抱くだけでは進歩、成長することはできない。例えば、「更に良い結果を出せるように、勉強の方法を変えてみよう」とか「新しい企画を立ててみよう」などのように自分を高めるための目標を新たに設定することが大切なのだ。

これがアドラーのいう**「優越性の追求」**である。努力をしても挫折や失敗に終わることもあるが、そのたびに新たな目標を設定し、次の目標に向かって一歩一歩前進して行こう。必ず、道は開けてくるものだ。結果よりも過程を重視することが大切だ。**こんなに努力している自分自身を認**

めて「よくここまで、がんばったね。えらいよ。」と自分を褒めてあげよう。

　周りの人が何を言おうと、他者の評価などは気にしないで、自分の信じた道を進んで行こう。周りの人間の賞賛ばかりを気にして、失敗したら「人から後ろ指を指される」とか「笑われる、軽蔑されるのではないか」などと考えていると、自分の人生ではなく他人から評価されるための人生を歩むことになる。すると、失敗した時に大きな落胆が生じて、劣等感は必要以上に膨張してしまう。

　あくまでも自分の人生は自分が決めたものだ。他人の評価など気にする必要はない。目標に向かってひたすら努力している人を羨ましいと思う人や嫉妬する人はいるかもしれないが、心から軽蔑したり、バカにしたりする人などいない。

　自分の理想とする課題や目標に向かってひたすらに優越性を追求する人は、自分の人生だけではなく、周囲の人々に対しても勇気と感動を与え、その結果、彼らの人生までも豊かにしてしまうのである。

(5) 自分の人生を切り開くのは、自分自身だ（自己決定性）

　アドラーは、「人間は、自分自身の人生を描く画家である」と言っている。つまり、「自分の人生を切り開くのは、自分自身だ。だから自分のための人生は自分自身が決めなけれ

ばない。」ということである。これが、アドラー心理学の重要ポイントの一つである**自己決定性**である。

　私たちは、人生において、困難に直面すると、つい、周囲の人、社会、環境、他人のせいにしてしまう傾向がある。また、過去のマイナスの経験、恵まれない家庭環境、などを思い出し、苦悩することもあるかもしれない。
　しかしアドラーは、**人間は、自ら運命を切り開く力を備えている**と考えている。過去の経験を経て今日の自分が存在するのであれば、今の自分を変えて新しい自分を創るのも自分自身であると言っている。自己決定をする際に大切なことは、どの様な判断基準で、人生の方向付けをするのかが大切なのである。

　アドラーは、困難に直面した時に、どのような方法、方針が、**ユースフル（有益）かユースレス（無益）か、という二者択一の基準**を挙げている。
　どちらの方が正しいか、良いことかという判断基準は人によって多種多様の見解があり、判断するのに時間がかかるので、自分と相手にとって、ユースフル（有益）かユースレス（無益）かの判断の方が、客観性もあり、即座に判断できると考えたからだと思う。
　また、人は、困難に直面した時、「なぜこんなことになっ

てしまったのだろう?」「何が原因だったのだろう?」と、過去に遡って、失敗の原因を究明したくなることがある。しかし、それは、無益な行動である。過去は変えることが出来ない。たとえ、原因が解明できても、仕方がない。

　アドラー心理学の特徴は、人の行動は、全て「目的」によって、説明がつくと考える目的論に根ざしている。大切なのは、過去に遡り、「どうしてこうなったか」という原因を究明するのではなく、「これから、この状態で、何が出来るか、何を目指すべきか」と、未来に向けて、自分の目的を考える前向きな生き方なのである。

(6) 自分は他者の期待に応えるために生きているのではない(承認欲求)
　強い承認欲求を持つようになった人は、幼少期において甘やかされて育てられたことに加えて、「賞罰教育」の影響もあると私は思う。賞罰教育を受けて承認欲求を持つようになった子供は、他者から褒められない(承認されない)行動をしなくなってしまうのである。

　他者の目がなければ、困っている人を助けたり、ごみが落ちていても拾おうともしない。他者に注目されることを行動の目的と考える人は、他人から褒められたり、承認されなければ何もしなくなるのである。承認欲求や自己中心

性から脱却するには、「他の人の目で見て、他の人の心で感じる」ように努めなければならない。他人の立場に立たなければ、相手の言動を理解することが出来ない。

他者は自分の期待に応えるために生きているのではないし、自分もまた他者の期待に応えるために生きているのではないことをしっかりと認識することが必要である。

他者から嫌われるのを怖れて、他者の期待を満たそうとする人、つまり、他者から承認されたいがために、不本意な行動をとってしまう人は。自分の人生でなく、他者の人生を生きることになってしまう。

自分の人生を生きようとすれば、必然的に他者との摩擦が起こり、他者から嫌われることもあるが、「俺には俺の生き方がある。他人がどう思うが、自分は他人の目を気にせずに、前向きに自分の信ずる自分のための人生を生きて行こう。」と考えれば、他者からの承認など必要ない。

他者からの承認に依存するような生き方をしなくて済むようになる。「**たった一度しかない、自分のための人生を自由に生きることが、何と素晴らしいことか！**」私は、人生のどん底の中で、このことに気づいた。以来、この生き方を貫いてきて、本当に良かったと思う。

(7) 自分の事情と他人の事情を分けて考える（課題の分離）

自分と他者とは違うことを認識する。他者の性格、行動

様式、価値観、考え方など、つまり他者の「**ライフスタイ ル**」を自分の思い通りにしようとしても不可能である。それと同じく、他人には他人の事情があり、自分と他者は別々の課題をもっている。

職場などで、複数の人達と接していると、「どうして、あの人は、このような状況で、あのような反応をするのだ？」「なぜ、こんなことを言うのか？」「どうして、分かってくれないの？」など、気になること、思い通りにならないこと、不本意に感じることが多いだろう。これは、恋人同士、友人同士、親子関係においても同様である。

つまり、**他者は自分の思い通りにはならないのである。**このようなときには、他人の課題に踏み込むことを避けなければ、人間関係が破綻するか、人間不信なり、神経症に陥ってしまうこともある。このような場合、**課題の分離が必要になる。つまり、自分の事情と他人の事情を分離して考えることが必要だ。**

個人の課題とは、自分自身が解決しなければならない課題で、他者が無闇に踏み込んではいけないのである。**課題に直面した時には、まず、その課題がだれの課題なのかを考えてみることが大切である。行動する前に、自分が取り**

組むべき課題か、他人の課題かを明確にしなければならない。そうすれば、人間関係のトラブルを避けることが出来るだろう。

　これに対して、自分と他者とが協力して解決する共同の課題がある。自分の課題か、他人の課題を明確に区分した上で、**両者の共同の課題を設置することは、人間関係を構築するうえで大切なことである。**
　共同の課題を設ける際に、留意すべき点は、お互いにとって、納得のゆく課題にすることである。
　アドラー心理学の対人関係論の中で特に重要なのが、この課題の分離と共同の課題の考えなのである。

(8) 他者に対する「勇気づけ」が大切

　人には誰にでも得意なものがある。「あるがままの自分を受け入れて、今の自分に出来ることは何か、これから未来に向かって、どうすればいいのかを考えることが大切なのである。**「大切なのは、何が与えられているのかではなく、与えられているものをどう使うかである。」**とアドラーは言っている。

　これを共同作業する際の他者に対して考えてみると、「あるがままの他者の存在を受容れて、その人には、どの様な

才能・個性があるのかをみきわめて、これからこの人と共同体感覚を持って、どう協力していくのが最良の方法なのかを考えることが大切なことだ。人には誰にでも得意なものがある。事務能力の高い人もいれば、発想力のある閃き型の人もいる。

　機械や電気に強い人もいれば弱い人もいる。英語のできる人もいれば数学や物理、化学の出来る人もいる。人間のもつ才能の特殊性は様々である。大切なのは自分の所属する集団や会社組織において、他者と協力しながら、自分の能力を十分発揮することによって、集団や会社組織のために貢献することである。そうすることによって、**他者から感謝され、自分の存在意義を実感し、幸せな人生を歩むことが出来るのである。これが、アドラーのいう「勇気づけ」**だ。

　その際に忘れてはならないのが、**他者に対する「勇気づけ」**である。これは、言葉に出して、「ありがとう。助かりました。」と感謝の言葉を伝えることだ。そうすることによって、他者は勇気づけられ、意欲的に仕事に取組み、協力してくれるだろう。

　このように、**相手の立場に立って考えることを、アドラー心理学では、コモンセンス「共通感覚」と言う。**

「共通感覚」は、相手との共同目標にむかっていくために必要な「他者の耳で聞き、他者の心で感じる」感覚である。

(9) 人は誰でも、自分だけの色眼鏡で世界を見ている（認知論）

アドラーは、客観的な事実よりも、事実に対する個人の主観的な受け止め方、認知を重視した。この認知が歪みすぎてしまうと、心が折れてしまうことがある。これがアドラーの重要ポイントの一つである**認知論**である。

アドラーは、「人間が客観的に人やものを捉えるのは不可能である」と考えている。人は誰でも、自分だけの色眼鏡で世界を見ているようなものだと考えているのである。

例えば、「冬山登山は、寒くて、危険なのに、どうして人は、冬に山に登るのだろう。理解に苦しむ。」という人もいれば、「あんなに素晴らしいものはない。冬山登山こそ、最高だ！何度でも登りたい！」という人もいる。同じものでも、感じ方は、十人十色である。

知覚とは、あくまでもその人の主観によるものなのである。客観的な事実よりも、その人が、できごとや人物をどう捉え、どう意味づけているか、が重要なのである。

過去のマイナスの経験、挫折、失敗を経験しても、すべての経験をプラス思考で受け止めて、「次はどうすればいい

か」と前向きに考える習慣をつけると、次の失敗を防ぎ、新たな成功への道を踏み出すことができる。

　人間関係の挫折や失敗、失恋、仕事のトラブルなどから受ける精神的な衝撃、ストレスは計り知れない。時には心が折れてしまいそうなこともあるだろう。でも、その苦しみを糧にして、人間的に成長できることもある。

　他人から傷つけられた経験のある人は、心の痛みを知っているので、他人の立場に立って考えることが出来るのはないだろうか。

　アドラーは、「体罰は、子供たちにとって、常に有害である。」と言っている。体罰を受けることによって、子供は、心身ともに傷つく。精神的・肉体的に衝撃を受けることによって、心に深い傷を負い、この心の傷が持続的に続くとPTSDという精神疾患を引き起こすことになる。しかし、**アドラーは、過去のマイナスの経験がトラウマになるか、発奮材料になるかは、その人の考え方、捉え方、心の受け止め方次第であるとも考えたのである。**

(10) 良い人間関係を作るためには、「共同体感覚」が必要

　「甘やかされた子供たちは、自分自身のことだけに関心を持つことを学んできたので、一緒に学校で学ぶ他の子供たちに対しては関心を持たない。

勉強に対しては関心を持つかもしれないが、それは、教師から恩恵を受けられると思っている限りにおいてである。彼らは自分たちにとって有益だと思うことだけに耳を傾ける。」(アドラー)

　他者の話に耳を傾けずに、いつも自分のことばかりを中心に考え、自分の考えを他者に押し付けるように、話をする人がいる。このような人は、幼少期において甘やかされて育てられた人が多く、大人になると、自己中心的な、自分の利益しか考えない様な人間になってしまうのである。このような生き方をする人は、一見、得をしているように見えるかもしれない。

　しかし、社会の中で人間は、多くの人の協力の中で生かされているのである。
　目先の損得だけを考えて行動している人は、結果的には、他者からの協力を得られずに、孤立してしまい、自滅してしまうだろう。
　アドラーは、「共同体感覚」を重視している。良い人間関係を作るためには、「自分のことを分かって欲しい」と思う前に、相手に関心を持ち「相手のことをわかろう」と思うことが大切である。

共同作業や会話をする際には、相手の立場に立って、共通の課題、共通の感覚を持つよう心掛けることが大切なのである。つまり、「自分が世界の中心ではない」ことを常に自覚して、**他人の立場、置かれている状況、その人の性格などを掌握してから、相手と自分の共通感覚、共同体感覚を持つことが大切なのである。**自分の状況も相手に伝えることも大切なことである。

　私は、小学生から中学生の頃、勉強のできない少年だった。多感な少年時代に劣等感を抱えて過ごすことは、とても辛かった。勉強のできる人が、とても羨ましかった。

　でも、人間は、様々な困難を乗り越えながら人生を歩んでゆく。誰もが失敗を繰り返しながら、絶望に打ちのめされながら、限られた人生という時間を歩んでゆく。そして、誰もが死を迎える。

　どうせ、この人生という限られた一定の時間を過ごして行くのならば、アドラーのいうプラス思考で、前向きに、他人の評価を気にせずに、自分のための人生を生きて行こうではありませんか。

　人生に無駄なことなど一つもない。マイナスの経験は必ず将来飛躍の礎石となる。最後まで諦めるな！努力は必ず報われる！

◆ アドラーの言葉 ◆

> 我々の周囲には、他者が存在し、我々は他者と何らかの関わり合いをもって存在している。個人としての人間は、弱い存在であり、限界があるので、孤立した状態では、自分自身の目的を達成することが出来ない。
>
> There are others around us, and we exist in association with them. The weakness and the limitations of individual human beings make it impossible for them to achieve their own aims in isolation.

> 人は、自分自身の弱さ、欠点、限界のために、常に他者と結びついているのである。自分自身の幸福と人類の幸福のために最も大きな貢献をするのが共同体感覚である。
>
> They are always tied to others, owing to their own weaknesses, shortcomings and limitations. The greatest contribution to an individual's own welfare and to that of humankind is fellowship.

> いかなる経験も、それ自体では成功の原因でも失敗の原因でもない。我々は経験による衝撃、いわゆるトラウマ(心的外傷)に苦しめられるのではなく、過去の経験の中から、自分の人生の目的に合ったものを選択するのである。
>
> No experience is in itself a cause of success or failure. We do not suffer from the shock of our experiences – the so-called trauma – but instead make out of them whatever suits our purposes.

身体的にも物質的にも、困難と一生懸命闘った人々が人類の進歩や発明をもたらしたのである。この闘争が彼らを強くしたのである。だから彼らは、そういうことがなかった場合よりも、遥かなる前進を遂げたのである。

It is often from those people who struggled hard against difficulties, both physical and material, that advances and inventions have come. The struggle strengthened them and they went further ahead then they would otherwise have done.

私たちは自分で自分自身の人生を作っていかなければならない。それは我々自身の課題であり、それを成し遂げることが出来る。私たちは自分の行動の主人公である。

We must make our own lives. It is our own task and we are capable of performing it. We are masters of own actions.

雨が降っていると仮定してみよう。君に何が出来るだろう？傘を持って行ったり、タクシーに乗ったりすることは出来る。でも、雨と闘って、打ち勝とうとしても、無駄だ。今、君は雨と闘って時間を浪費している。

Suppose it rains; what can you do? You can take an umbrella or a taxi, but there is no use trying to fight the rain or overpower it. At present you are spending your time fighting the rain.

たしかにこの世界には、悪、困難、偏見、災害などが存在する。しかし、それが我々の生きている世界であり、その利点も不利な点も我々のものである。

It is true that there are evils and difficulties, prejudices and disasters in the world; but it is our own world and its advantages and disadvantages are our own.

誰もが他者に対して関心を持つ能力を持っているが、この能力は訓練され、鍛えられなければならない。さもなければ、その発達は遅れるだろう。

Everybody has the capacity to be interested in others, but this capacity must be trained and exercised or its development will be retarded.

例えば、甘やかされた子供たちは、自分自身のことだけに関心を持つことを学んできたので、一緒に学校で学ぶ他の子供たちに対しては関心を持たない。

Spoilt children, for example, who have learned to be interested only in themselves, will take this lack of interest in others to school with them.

強い劣等感を持った人が、従順で、静かで、控えめで、目立たない種類の人に見えることはない。

We cannot assume, therefore, that an individual with strong feelings of inferiority will appear to be a submissive, quiet, restrained, inoffensive sort of person.

人間の協力には、多くの異なった種類の優秀さが必要である。数学的知識に優れた子がいれば、芸術が得意な子もおり、また強い肉体を持つ子もいる。

Human co-operation has need of many different kinds of excellence. To one child, superiority will seem to lie in mathematical knowledge, to another in art, to a third in physical strength.

他の人よりも自分の方が優れているかのようにふるまう全ての人の行動の背後に、劣等感が存在するのではないかと疑ってしまう。劣等感があるから、自分の本来の感情を隠すために特別の努力が必要になるのである。

Behind all types of superior behavior, we can suspect a feeling of inferiority which calls for very special efforts of concealment.

我々は皆、ある程度は、劣等感を持っている。それは、自分自身が向上したいと思う状況にいるからである。

To a certain degree we all experience feelings of inferiority, since we all find ourselves in situations we wish we could improve.

親は、どんなどんなえこひいきもしないだけの充分な経験を積み、人間的に習熟していなければならない。

Parents should be experienced enough and skillful enough to avoid showing any such preferences.

劣等コンプレックスは、常にストレスを創り出すので、常に優越コンプレックスへと向かう補償的な動きが出てくるだろう。しかし、それは直接的に問題解決の方向には向けられない。

As feelings of inferiority always produce stress, there will always be a compensatory movement towards a feeling of superiority, but it will not be directed towards solving the problem.

嫉妬する人間が有用であるような道は決してない。嫉妬は強くて深い劣等感に基づいているのである。

There is no single way in which a jealous person can be useful. Moreover, we see in jealousy the result of a great and deep feeling of inferiority.

母親は、しばしば、自分の子供を自分自身の一部とみなす。自分の子供を通して、母親は人生の全体と結びついている。

A mother often regards children as a part of herself. Through her children she is connected with the whole of life.

父親の子供たちへの影響は非常に重要なので、子供たちの多くは、生涯を通して、父親を自分たちの理想と見るか、あるいは、最大の敵と見なす。

The father's influence on his children is so important that many of them look on him, throughout their lives, either as their ideal or as their greatest enemy.

教育におけるもっとも大きな問題は、子供の限界ではなく、子供が自分に限界があると考えることによって引き起こされる。

The greatest problem in education is posed, not by the limitations of children, but by what they think their limitations are.

思春期とは、ほとんど全ての若者にとって、何にもまして、ある重要な意味を持つ。それは、彼らが、自分が、もはや子供ではないことを証明せずにはいられないことである。

For almost all young people, adolescence means one thing above all else; they must prove that they are no longer children.

愛は、早くから準備しなくてはならない、人生に必要不可欠な課題である。愛のトレーニングは、人生の教育における必須の部分である。

Love is a necessary life-task for which an early preparation is needed, and training for love is an integral part of one's education for life.

甘やかされた子供は、結婚において大いなる専制君主になるかも知れない。もう一人のパートナーは、だまされて罠にはめられたと感じる。そして抵抗し始める。

Pampered children may develop into great tyrants in marriage; the other partner feels victimized and trapped, and begins to resist.

> **column** アドラー心理学の実例（3）

　「**親の業績に匹敵することは出来ないと感じると、子供たちは勇気を挫かれ、人生に絶望する。**」とアドラーは言っていますが、このような例が私の周囲には数多く見受けられます。
　私は職業上、自分と同じ世界の人間、つまり大学教授達から、「子育ての失敗談」に関して様々な話を聞く機会があります。
　その中で特に共通しているのは、**英語教授の多くが、自分の子供を英語と日本語のバイリンガルにしようとして、ことごとく、失敗している**ということです。日本では誰でも知っている、私も尊敬している高名な教授が、自分の子供を英語と日本語のバイリンガル、つまり、英語をネイティブスピーカーの様に話せるよう教育する夢を実現しようとして失敗したことを、実感を込めて講演されるのを聴いて、胸を打たれました。

　それは、先生が自分の息子さんに少年時代から、徹底的に英語の特訓をして、中学・高校時代にイギリスに留学させ、帰国後、日本の高校でも、英語教育を徹底させ、更に、日本の大学在学中は、アメリカの大学に留学させたとのお話でした。
　これは正に英語版の『巨人の星』の星飛雄馬が父親の星一徹から、毎日1000本ノックの猛特訓を受けているような内容でした。それと同時に、先生が息子さんに注ぐ愛情が全面に溢れ出るような感動を覚えました。

　その結果、英語に関しては問題はなかったのですが、イギリスの文化にやっと、英語を通して溶け込み、友人もできたと思ったら、今度は日本で、大学受験中心の高校生活を送らなければいけなくなり、日本でやっと友人もできて、日本の社会にも馴染め始めたかと思ったら、今度はアメリカの大学に留学し、アメリカの文化に馴染まなければならなくなり、**イギリス、アメリカ、日本の文化の中で自分のアイデンティティが不確かなものになってしまった。苦悩の末、英語とは別の世界に進まれた**との話でした。
　「今だから言えるけどね。父さん、僕はつらかったよ。」と息子さんに言われたそうです。

● 小池 直己（こいけ なおみ）

広島大学大学院修了。特に心理学の理論を応用した英語教育の研究を専門とする。カリフォルニア大学ロサンゼルス校（UCLA）の客員研究員を経て、大東文化大学准教授、相模女子大学教授、就実大学教授・大学院教授を歴任。その間、NHK 教育テレビの講師も勤める。英字新聞『ASAHI WEEKLY』（朝日新聞社）の連載コラムでもおなじみ。「放送英語を教材とした英語教育の研究」で日本教育研究連合会より表彰受賞。『放送英語を教材とした英語教育の研究』（北星堂）『放送英語と新聞英語の研究』（北星堂）『英語教育の実践研究』（南雲堂）『時事英語の実例研究』（南雲堂）などの研究書がある。専門は、放送英語、新聞英語、映画英語、英語教育学などである。主な著書は『英会話の基本表現 100 話』『語源でふやそう英単語』『話すための英文法』（以上、岩波書店）、『英語で楽しむ「アドラー心理学」』（PHP 研究所）など、370 冊以上、累計 500 万部以上にのぼる。

アドラー流 英語で幸せになる勇気

2017 年 9 月 29 日　　　　　　　1 刷

著者　　　　小池直己
発行者 ── 南雲 一範
発行所 ── 株式会社　南雲堂
東京都新宿区山吹町 361（〒162-0801）
電話　　　　03-3268-2311（営業部）
　　　　　　03-3268-2387（編集部）
FAX　　　　03-3260-5425（営業部）
口座振替：00160-0-46863
E-mail　　nanundo@post.email.ne.jp
URL　　　http://www.nanun-do.co.jp
装丁　　奥定泰之
印刷所／恵友印刷株式会社　製本所／松村製本所　DTP／Office haru

Printed in Japan ＜検印省略＞
ISBN978-4-523-26562-7 C0082　　〈1-562〉

乱丁・落丁本はご面倒ですが小社通販係宛ご返送ください。送料小社負担にてお取り替えいたします。